박문각

박문각 공인중개사

국승옥 부동산학개론

파이널 패스 핵심이론과 함께하는 100선

2024

이 책의 차례

1부 : 실수하면 큰일나는 주제들

●● 부동산업

중분류	소분류	세분류
부동산 임대 및 공급업	부동산 임대업	• 주거용 건물임대업 • 비주거용 건물임대업 • 기타 부동산 임대업
	부동산 개발 및 공급업	• 주거용 건물 개발 및 공급업 • 비주거용 건물 개발 및 공급업 • 기타 부동산 개발 및 공급업
부동산 관련 서비스업	부동산 관리업	• 주거용 부동산 관리업 • 비주거용 부동산 관리업
	부동산 중개, 자문 및 감정평가업	• 부동산 중개 및 대리업 • 부동산 투자 자문업 • 부동산 감정평가업

●● 부동산 관련 서비스업 : **관, 중, 자, 가**

Ⓐ 정답 ④ / ④

1. 한국표준산업분류상 부동산 관리업의 분류체계 또는 세부 예시에 해당하지 않는 것은? (중개사 28회)

① 주거용 부동산 관리
② 비주거용 부동산 관리
③ 사무용 건물 관리
④ 사업시설 유지 · 관리
⑤ 아파트 관리

2. 한국표준산업분류상 부동산 관련 서비스업에 해당하지 않는 것은? (중개사 31회)

① 부동산 투자 자문업
② 주거용 부동산 관리업
③ 부동산 중개 및 대리업
④ 부동산 개발 및 공급업
⑤ 비주거용 부동산 관리업

부동산의 개념

1. **복합 개념**(≠**복합 부동산**과 구별)
   1) 물리적(**기술적**) 개념 : **공간, 위치, 환경, 자연**
   2) 경제적 개념 : 자산, 자본, 상품, **소비재, 생산재**
   3) 법률적 개념 ① **협의** : **민법**의 부동산(토지, 정착물)
      ② **광의** : 협의 + **준부동산**

2. **정착물**
   1) 독립 정착물 ① **건물** ②~**입목** ③~**수목** ④~**농작물**
   2) 동산과 정착물의 구분
      - 제거될 때 **물리적 · 기능적 손상**을 주는 설비 — **정착물**
      - **임대인**이 설치한 물건 — **정착물**

3. **준부동산**
   1) 특징 : **등기 · 등록 등의 공시수단**을 가지고 있다.
   2) 종류 : **선박**(20톤 이상), 자동차, 항공기, 건설기계, 입목, 공장재단, 광업재단, **광업권, 어업권** 등

A 정답 ⑤⑥⑦ / ②

3. 부동산의 개념에 대한 설명으로 틀린 것은?

① 부동산을 법률적 · 경제적 · 기술적(물리적) 측면 등이 복합된 개념으로 이해하는 것을 부동산의 "복합개념"이라고 한다.

② 토지와 그 토지 위의 정착물이 하나의 결합된 상태로 다루어져 부동산 활동의 대상이 되는 것을 "복합 부동산"이라고 한다.

③ 부동산의 물리적(기술적, 공학적) 개념은 부동산의 유형적 측면을 의미하고, 경제적 · 법률적 측면은 부동산의 무형적 측면을 의미한다.

④ 협의의 부동산이란 민법상의 개념으로 민법 제99조 제1항에 규정된 '토지 및 정착물'을 말한다.

⑤ 물리적(기술적) 측면의 부동산은 공간, 위치, 환경, 자산 등을 의미한다.

⑥ 협의의 부동산과 등기 · 등록의 수단을 가진 동산 또는 권리를 합쳐 광의의 부동산이라고 하고, 이는 경제적 측면에서 부동산 개념을 구분한 것이다.

⑦ 「입목에 관한 법률」에 의해 소유권보존등기를 한 입목은 토지와 분리하여 양도할 수 없다.

4. 토지의 일부로 간주되는 정착물에 해당하는 것을 모두 고른 것은? (평가사 35회)

㉠ 가식 중에 있는 수목	㉡ 경작 노력을 요하지 않는 다년생 식물
㉢ 건물	㉣ 소유권보존등기된 입목
㉤ 구거	㉥ 경작된 수확물

① ㉠, ㉥　② ㉡, ㉤　③ ㉢, ㉣
④ ㉣, ㉤　⑤ ㉤, ㉥

●● **복합개념 구분** : 물리적 개념, 경제적 개념, 법률적 개념

●● **등기된 입목** : 독립 정착물이면서 동시에 준부동산

Ⓐ 정답 ③ / ④

5. 부동산의 개념에 관한 설명으로 옳지 않은 것은? (중개사 34회)

① 「민법」상 부동산은 토지 및 그 정착물이다.

② 경제적 측면의 부동산은 부동산 가치에 영향을 미치는 수익성, 수급조절, 시장정보를 포함한다.

③ 물리적 측면의 부동산에는 생산요소, 자산, 공간, 자연이 포함된다.

④ 등기·등록의 공시방법을 갖춤으로써 부동산에 준하여 취급되는 동산은 준부동산으로 간주한다.

⑤ 공간적 측면의 부동산에는 지하, 지표, 공중공간이 포함된다.

6. 부동산과 준부동산에 관한 설명으로 옳은 것은? (다툼이 있으면 판례에 따름) (평가사 29회)

① 신축 중인 건물은 사용승인이 완료되기 전에는 토지와 별개의 부동산으로 취급되지 않는다.

② 개개의 수목은 명인방법을 갖추더라도 토지와 별개의 부동산으로 취급되지 않는다.

③ 토지에 정착된 담장은 토지와 별개의 부동산으로 취급된다.

④ 자동차에 관한 압류등록은 자동차등록원부에 한다.

⑤ 총톤수 10톤 이상의 기선(機船)과 범선(帆船)은 등기가 가능하다.

토지의 용어

1. 후보지와 이행지
   1) **후보지** : **대분류 상호간**에 용도가 전환되고 있는 지역 내의 토지
   2) **이행지** : **소분류 상호간**에 용도가 이행되고 있는 지역 내의 토지

2. **부지** : 일정한 용도에 제공되는 **바닥 토지**
   택지 : **주거 · 상업 · 공업용**으로 조성된 토지

3. **나지** : 건물 등 **정착물**이 **없고**
   지상권 · 임차권 등 **사법상의 제한**이 **없는** 토지
   (**공법상의 제한을 받지 않는 토지**×)

4. **필지** : 지번을 가진 토지의 **등기 · 등록 단위**, **법적 개념**
   획지 : 가격수준이 유사한 일단의 토지

5. **법지** : **소유권은 있고** 활용 실익은 없다.
   빈지 : **소유권은 없고** 활용 실익은 있다.

6. **맹지** : 도로와 맞닿은 부분이 없는 토지
7. **포락지** : 물에 의한 **침식**으로 **무너져 내린** 토지
8. **선하지** : 고압선 아래 토지
9. **소지** : 개발되기 이전의 자연 그대로의 토지(원지)

A 정답 ①③④ / ⑤

7. 토지 분류에 대한 설명으로 틀린 것은?

① '나지'란 토지에 건물이나 그 밖의 정착물이 없고 지상권 등 토지의 사용 · 수익을 제한하는 공법상의 권리가 설정되어 있지 아니한 토지를 말한다.
② '택지'란 주거 · 상업 · 공장용지로 조성된 토지를 말한다.
③ 임지지역, 농지지역, 택지지역 등 용도지역 상호간에 용도가 변화되고 있는 지역 내의 토지는 '이행지'이다.
④ 택지지역 내에서 공업지역이 상업지역으로 용도가 전환되고 있는 토지는 '후보지'이다.
⑤ '필지'는 하나의 지번이 붙은 토지의 등기 · 등록의 단위이며, '획지'는 가격수준이 유사한 일단의 토지이다.
⑥ '맹지'는 타인의 토지에 둘러싸여 도로에 직접 연결되지 않은 토지를 말한다.
⑦ '소지'란 대지 등으로 개발되기 이전의 자연적 상태 그대로의 토지를 의미한다.

8. 부동산 분류에 대한 설명으로 틀린 것은?

① '포락지'는 과거에는 소유권이 인정되는 전 · 답 등이었으나, 지반이 절토되어 무너져 내린 토지로 바다나 하천으로 변한 토지를 말한다.
② '포락지'는 물에 의한 침식으로 인해 수면 아래로 잠기거나 하천으로 변한 토지를 말한다.
③ '공지'는 건물이 세워지지 않은 미이용 토지의 구획을 의미한다.
④ '공지'는 건부지 중 건물을 제외하고 남은 부분의 토지로, 건축법령에 의한 건폐율 등의 제한으로 인해 필지 내에 비어있는 토지를 말한다.
⑤ '법지'는 소유권이 인정되지 않는 바다와 육지 사이의 해변토지를 말한다.
⑥ 도로의 가장자리 경사지나 대지 사이에 있는 경사지는 소유권이 인정되더라도 활용 실익이 적거나 없는 토지이다.

A 정답 ② / ③

9. 토지의 분류 및 용어 중 특이한 용어를 묶은 것이다. 이에 관한 설명으로 틀린 것은?

① 공유지(共有地)란 1필지의 토지를 2인 이상이 공동으로 소유한 토지이다.

② 표본지는 지가의 공시를 위해 가치형성요인이 같거나 유사하다고 인정되는 일단의 토지 중에서 선정한 토지이다.

③ 일단지란 용도상 불가분의 관계에 있는 2필지 이상의 토지이다.

④ 도시개발사업에 필요한 경비에 충당하기 위해 환지로 정하지 아니한 토지를 체비지(替費地)라 한다.

⑤ 환지란 도시개발사업에서 사업 전 토지의 위치 등을 고려하여 소유자에게 재분배하는 사업 후의 토지이다.

10. 토지의 분류 및 용어에 관한 설명으로 옳은 것을 모두 고른 것은? (평가사 35회)

㉠ 획지(劃地)는 인위적, 자연적, 행정적 조건에 따라 다른 토지와 구별되는 가격수준이 비슷한 일단의 토지를 말한다. ㉡ 후보지(候補地)는 용도적 지역의 분류 중 세분된 지역 내에서 용도에 따라 전환되는 토지를 말한다. ㉢ 공지(空地)는 관련법령이 정하는 바에 따라 안전이나 양호한 생활환경을 확보하기 위해 건축하면서 남겨놓은 일정 면적의 토지를 말한다. ㉣ 갱지(更地)는 택지 등 다른 용도로 조성되기 이전 상태의 토지를 말한다.

① ㉠ ② ㉣ ③ ㉠, ㉢ ④ ㉡, ㉣ ⑤ ㉠, ㉢, ㉣

부동산의 특성

1. **부동성**
   1) **주의** : **지리적 위치**의 고정(**인문적 위치**는 **변화**)
   2) 파생현상 : 시장의 **지역화**, 국지적 시장, 추상적 시장, **외부효과**, **임장활동**, **지역**분석

2. **부증성**(비**생산**성)
   1) **주의** : **물리적 공급**량의 제한(**용도적 공급**은 **가능**)
   2) 파생현상 : 생산비 법칙 **부정**, 지가고, **집약적** 토지이용, **최유효이용**

3. **영속성**(비**소모**성)
   1) 파생현상 : 부동산 **가치 정의**, **수익환원법**, 소득이득과 **자본이득**, **임대차 시장**의 발달, **재고시장** 형성, **장기적 배려**, **물리적** **감가**상각 **부정**

4. **개별성**(비**대체**성)
   1) 파생현상 : 대체성 **부정**, **일물일가** 법칙의 **부정**, 수익과 가격의 **개별**화, **개별**분석

※ **인접성** : **외부효과**, 협동적 이용과 경계 문제

5. **용도의 다양성**
   1) 파생현상 : **최유효이용**의 근거(부증성과 함께) 토지의 **이행**과 **전환**, **후보지**와 **이행지**

Ⓐ 정답 ① / ③⑥

11. 부동산 특성 중 주의해야 할 내용이다. 이에 대한 설명으로 틀린 것은?

① 부동성은 토지의 지리적 위치 또는 인문적 위치가 고정되어 있음을 의미한다.
② 토지는 부증성의 특성이 있더라도, 토지의 용도적 공급(경제적 공급)은 일반적으로 가능하다.
③ 바다의 매립, 산지의 개간을 통한 농지의 확대는 부증성의 예외라고 할 수 없다.
④ 홍수 등으로 인한 토지의 유실의 경우라도 영속성의 특성은 적용된다.
⑤ 부동산 가치는 '장래 기대이익을 현재가치로 환원한 값'이라고 정의되는데, 이는 영속성의 특성에 기인한다.
⑥ 부동산 거래 정보를 수집하는 것이 쉽지 않고, 정보 수집에 많은 시간과 비용이 소요되는 근거는 개별성에 근거한다.
⑦ 개별성은 토지시장을 불완전경쟁시장으로 만드는 요인이다.

12. 부동산 특성에 대한 설명으로 틀린 것은?

① 부동성은 부동산 시장을 국지화시키는 역할을 하며, 외부효과를 발생시킨다.
② 토지가 물리적으로 연속되어 있다는 인접성은 외부효과의 근거가 된다.
③ 영속성은 부동산 활동에서 감가상각 필요성의 근거가 된다.
④ 영속성(내구성)은 미래의 수익을 가정하고 가치를 평가하는 직접환원법의 적용을 가능하게 한다.
⑤ 부동산의 이득이 소득이득과 자본이득으로 구별되는 근거는 영속성이다.
⑥ 합병·분할의 가능성은 토지의 이행과 전환을 가능하게 한다.
⑦ 용도의 다양성은 최유효이용의 판단근거가 된다.

●● **부동성** : 지역, 장소, 지방자치단체

●● **영속성** : 가치 정의, 수익환원법

●● **용도적 공급** : ~~ 가능하다.

●● **자연적 특성** : ~~ 부정적인 내용

A 정답 ⑤ / ①

13. 토지의 자연적 특성으로 인해 발생되는 부동산 활동과 현상에 관한 설명으로 옳지 않은 것은?

① 토지의 부증성은 지대 또는 지가를 발생시키며, 최유효이용의 근거가 된다.
② 분할·합병의 가능성은 부동산의 가치를 변화시킨다.
③ 토지의 부동성은 지방자치단체의 운영을 위한 부동산 조세 수입의 근거가 될 수 있다.
④ 부동성은 인근지역과 유사지역의 분류를 가능하게 한다.
⑤ 토지의 부증성으로 인해 이용전환을 통한 토지의 용도적 공급을 더 이상 늘릴 수 없다.

14. 토지의 특성과 감정평가에 관한 내용이다. (　　)에 들어갈 것으로 옳은 것은?
(평가사 35회)

> • (㉠)은 부동산 가치를 장래편익의 현재가치로 평가하게 한다.
> • (㉡)은 원가방식의 평가를 어렵게 한다.
> • (㉢)은 개별요인의 분석과 사정보정을 필요하게 한다.

① ㉠ : 영속성, ㉡ : 부증성, ㉢ : 개별성
② ㉠ : 개별성, ㉡ : 영속성, ㉢ : 부동성
③ ㉠ : 영속성, ㉡ : 개별성, ㉢ : 부증성
④ ㉠ : 부증성, ㉡ : 영속성, ㉢ : 개별성
⑤ ㉠ : 영속성, ㉡ : 개별성, ㉢ : 부동성

주택법상 주택의 분류

1. 공동주택과 단독주택

(주택으로 사용하는 층수와 바닥면적 비교)

		주택 층수	주택 바닥면적
공동	**아파트**	5개 층 이상	
	연립주택	**4개 층** 이하	660m² **초과**
	다세대주택	**4개 층** 이하	660m² 이하
단독	**다가구**주택	3개 층 이하	660m² 이하
	다중주택	3층 이하	660m² 이하

2. **준주택** : **주택 외 건축물**과 토지가 **주거**시설로 이용
[다, 기 (언제) 오, 노]

3. **국민주택** : 국가 등이 직접 건설 + 국민주택규모 이하
재정 또는 자금 지원 + 국민주택규모 이하

4. **민영주택** : **국민주택**을 **제외**한 주택

5. **도시형 생활주택** : **300세대 미만** + 국민주택규모

A 정답 ⑤ / ③

15. 주택법령상 주택의 정의에 관한 설명으로 틀린 것은?

① 주택으로 쓰는 1개 동의 바닥면적 합계가 $660m^2$를 이하이고, 층수가 4개 층 이하인 주택은 다세대주택이다.

② 주택으로 쓰는 층수가 5개 층 이상인 주택은 아파트이다.

③ 준주택은 주택 외의 건축물과 그 부속토지로서 주거시설로 이용가능한 시설 등을 말한다.

④ 민영주택은 국민주택 등을 제외한 주택을 말한다.

⑤ 세대구분형 공동주택은 300세대 미만의 국민주택 규모에 해당하는 주택으로서 단지형 연립주택, 단지형 다세대주택, 소형 주택으로 분류한다.

16. 감정평가사 A가 실지조사를 통해 확인한 1개 동의 건축물 현황이 다음과 같다. 건축법령상 용도별 건축물의 종류는? (평가사 34회)

- 1층 전부를 필로티 구조로 하여 주차장으로 사용하며, 2층부터 5층까지 주택으로 사용함.
- 주택으로 쓰는 바닥면적의 합계가 $1,000m^2$임.
- 세대수 합계가 16세대로서 모든 세대에 취사시설이 설치됨.

① 아파트　② 기숙사
③ 연립주택　④ 다가구주택
⑤ 다세대주택

●● 임대주택의 종류

> 1. **영구임대주택** : 최저소득 계층 + **50년 이상** 또는 **영구**
> 2. **국민임대주택** : 저소득 계층 + **30년 이상**
> 3. **행복주택** : 대학생, 사회초년생, 신혼부부 등 **젊은 계층**
> 4. **장기전세주택** : **전세계약**의 방식

Ⓐ 정답 ③

17. 공공주택 특별법령상 공공임대주택의 용어 정의로 틀린 것은?

① 공공주택이란 공공주택사업자가 국가 또는 지방자치단체의 재정이나 주택도시기금을 지원받아 건설, 매입 또는 임차하여 공급하는 주택을 말한다.

② 영구임대주택은 국가나 지방자치단체의 재정을 지원받아 최저소득 계층의 주거안정을 위하여 50년 이상 또는 영구적인 임대를 목적으로 공급하는 공공임대주택을 말한다.

③ 국민임대주택은 국가나 지방자치단체의 재정이나 주택도시기금의 자금을 지원받아 저소득 서민의 주거안정을 위하여 10년 이상 장기간 임대를 목적으로 공급하는 공공임대주택을 말한다.

④ 행복주택은 국가나 지방자치단체의 재정이나 주택도시기금의 자금을 지원받아 대학생, 사회초년생, 신혼부부 등 젊은 층의 주거안정을 목적으로 공급하는 공공임대주택을 말한다.

⑤ <u>분양전환공공임대주택</u>은 일정 기간 임대 후 분양전환할 목적으로 공급하는 공공임대주택을 말한다.

⑥ <u>기존주택등매입임대주택</u>은 국가나 지방자치단체의 재정이나 주택도시기금의 자금을 지원받아 기존주택 등을 매입하여 저소득층과 청년 및 신혼부부 등에게 공급하는 공공임대주택을 말한다.

⑦ <u>기존주택전세임대주택</u>은 국가나 지방자치단체의 재정이나 주택도시기금의 자금을 지원받아 기존주택을 임차하여 저소득층과 청년 및 신혼부부 등에게 전대(轉貸)하는 공공임대주택을 말한다.

> ※ **통합공공임대주택** : 국가나 지방자치단체의 재정이나 주택도시기금의 자금을 지원받아 최저소득 계층, 저소득 서민, 젊은 층 및 장애인・국가유공자 등 사회 취약계층 등의 주거안정을 목적으로 공급하는 공공임대주택

부동산 시장의 특징

1. **지역적 시장**, 지역 세분화, 지역에 따른 가격수준의 차이
2. **개별성** : 거래의 **비**공개성,
   상품의 **비**표준화,
   시장의 **비**조직화,
   정보의 **비**대칭성
3. 공급의 **장기성** : 1) **단기적**인 수급 조절의 곤란성
   2) **단기적**인 가격 왜곡 현상
4. 과다한 법적 제한
5. 시장의 **외부**성, 자금의 유용성 등

A 정답 ⑥ / ⑤

18. 부동산 시장에 대한 설명으로 옳은 것은?

① 부동산의 비가역성으로 인해 부동산 상품은 비표준화로 복잡·다양하게 나타난다.
② 일반상품의 시장과 달리 조직성을 갖고 지역을 확대하는 특성이 있다.
③ 거래정보의 대칭성으로 인하여 정보수집이 쉽고 은밀성이 축소된다.
④ 부동산 시장은 장기보다 단기에서 공급의 가격탄력성이 크므로 단기 수급조절이 용이하다.
⑤ 일반적으로 부동산 공급에는 상당한 시간이 소요되기 때문에 장기적으로 가격 왜곡 현상이 발생할 수 있다.
⑥ 부동산은 고가의 재화이기 때문에 자금 조달 가능성이 시장 참여에 많은 영향을 미친다.
⑦ 부동산 시장은 시장 참가자가 제한되고, 동질적인 재화가 거래된다는 점에서 불완전경쟁시장이다.

19. 부동산 시장의 특성으로 옳은 것은? (평가사 32회)

① 일반상품의 시장과 달리 조직성을 갖고 지역을 확대하는 특성이 있다.
② 토지의 인문적 특성인 지리적 위치의 고정성으로 인하여 개별화된다.
③ 매매의 단기성으로 인하여 유동성과 환금성이 우수하다.
④ 거래 정보의 대칭성으로 인하여 정보수집이 쉽고 은밀성이 축소된다.
⑤ 부동산의 개별성으로 인한 부동산 상품의 비표준화로 복잡·다양하게 된다.

주거분리와 주택여과현상

1. **주거분리**
   1) 의미 : **주거지역**이 **소득 계층별**로 서로 분리되는 현상
   2) **원인** : **외부효과**

2. **주택여과현상**
   1) 의미 : 서로 다른 **소득 계층 간에** **주택이 순환**되는 현상
   2) **하향여과**
      ① 저소득층이 사용 / 저소득층이 이사
      ② **원인** : **저가주택**의 **수요**가 **증가할 때**
   3) **상향여과**
      ① 고소득층이 재개발된 저소득층 주거지역으로 이사
      ② **원인** : **저급 주택**이 **수선**되거나 **재개발**될 때 발생

정답 ① / ① / ①

20. 주거분리 및 주택여과에 관한 설명으로 옳은 것은? (평가사 33회)

① 여과과정이 원활하게 작동하면 신규주택에 대한 정부지원으로 모든 소득계층이 이득을 볼 수 있다.

② 하향여과는 고소득층 주거지역에서 주택의 개량을 통한 가치상승분이 주택개량비용보다 큰 경우에 발생한다.

③ 다른 조건이 동일할 경우 고가주택에 가까이 위치한 저가주택에는 부(−)의 외부효과가 발생한다.

④ 민간주택시장에서 불량주택이 발생하는 것은 시장실패를 의미한다.

⑤ 주거분리현상은 도시지역에서만 발생하고, 도시와 지리적으로 인접한 근린지역에서는 발생하지 않는다.

21. 주택여과에 대한 설명으로 틀린 것은?

① 저소득층 주거지역에서 주택의 보수를 통한 가치상승분이 보수비용보다 작다면 상향여과가 발생할 수 있다.

② 고소득층 주거지역에서 주택의 개량비용이 개량 후 주택가치의 상승분보다 크다면 하향여과과정이 발생하기 쉽다.

22. 주택의 여과과정과 주거분리에 관한 설명으로 틀린 것은?

① 주택의 하향여과과정이 원활하게 작동하면 저급주택의 공급량이 감소한다.

② 공가(空家)의 발생은 주택여과과정의 필수 조건이다.

③ 저소득 가구의 침입과 천이현상으로 인하여 주거입지의 변화가 야기될 수 있다.

④ 주택여과과정은 주택의 질적 변화와 가구의 이동과의 관계를 설명해 준다.

효율적 시장과 할당 효율적 시장

1. 효율적 시장

1) 의미 : **정보**가 **지체 없이** 시장(가격)에 **반영**되는 시장

2) **초과이윤** 획득 가능성(**정상이윤**은 언제든지 획득)

① **약성** 시장 – **기본**적 분석을 통해 초과이윤 획득
– **현**재 정보, **미래**(내부) 정보

② **준강성** 시장 – **내부** 정보를 통해 초과이윤 획득

③ **강성** 시장 – ~~ 획득할 수 **없다**.

2. 할당 효율적 시장

1) **초과이윤**이 **없는** 시장

2) **독점시장**(불완전경쟁시장)이라도 (**초과이윤이 없다면**) 할당 효율성이 **될 수 있다**.

A 정답 ④

23. 부동산 시장의 효율성에 관한 설명으로 틀린 것은?

① 효율적 시장은 어떤 정보를 지체 없이 가치에 반영하는가에 따라 구분될 수 있다.
② 약성 효율적 시장은 현재의 시장가치가 과거의 추세를 충분히 반영하고 있는 시장이다.
③ 준강성 효율적 시장은 어떤 새로운 정보가 공표되는 즉시 시장가치에 반영되는 시장이다.
④ 약성 효율적 시장의 개념은 준강성 효율적 시장의 성격을 모두 포함하고 있다.
⑤ 강성 효율적 시장은 공표된 것이건 공표되지 않은 것이건 어떠한 정보도 이미 시장가치에 반영되어 있는 시장이다.
⑥ 강성 효율적 시장은 완전경쟁시장의 가정에 가장 근접하게 부합되는 시장이다.

24. 효율적 시장의 유형별 초과이윤 획득 가능성

구 분	과거 정보	현재 정보	미래 정보	정보 분석 방법
약성 효율적 시장		○	○	기본적 분석
준강성 효율적 시장			○	
강성 효율적 시장				

●● 할당 효율적 시장 = 배분 효율적 시장

●● 강성 시장 : 완전경쟁시장과 연결

1. 강성 효율적 시장 : (정보를 통해)
   초과이윤을 획득할 수 **없다**.
2. 완전경쟁시장 : (완전한 경쟁을 통해)
   초과이윤을 획득할 수 **없다**.

●● 강성으로 갈수록 개념이 큰 시장이다.

●● 지금 풀어도 어려운 문제입니다.

Ⓐ 정답 ②④ / ②

25. 효율적 시장과 관련된 어려운 지문을 나열한 것이다. 틀린 것은?

① 특정 투자자가 얻는 초과이윤이 이를 발생시키는 데 소요되는 정보비용보다 크면 할당(배분) 효율적 시장이 아니다.

② 약성 효율적 시장은 정보비용이 없다는 완전경쟁시장의 조건을 만족한다.

③ 부동산 시장은 주식 시장이나 일반재화 시장보다 더 불완전하지만 할당(배분) 효율성이 달성할 수 있다.

④ 할당 효율적 시장은 완전경쟁시장을 의미하며, 불완전경쟁시장은 할당 효율적 시장이 될 수 없다.

⑤ 준강성 효율적 시장의 개념은 약성 효율적 시장의 성격을 모두 포함하고 있다.

⑥ 완전경쟁시장이나 강성 효율적 시장에서는 할당 효율적인 시장만 존재한다.

26. 다음은 3가지 효율적 시장(A~C)의 유형과 관련된 내용이다. 시장별 해당되는 내용을 〈보기〉에서 모두 찾아 옳게 짝지어진 것은? (중개사 32회)

A. 약성 효율적 시장	B. 준강성 효율적 시장	C. 강성 효율적 시장

<보기>

㉠ 과거의 정보를 분석해도 초과이윤을 얻을 수 없다.
㉡ 현재시점에 바로 공표된 정보를 분석해도 초과이윤을 얻을 수 없다.
㉢ 아직 공표되지 않은 정보를 분석해도 초과이윤을 얻을 수 없다.

① A – ㉠ B – ㉡ C – ㉢
② A – ㉠ B – ㉠, ㉡ C – ㉠, ㉡, ㉢
③ A – ㉢ B – ㉡, ㉢ C – ㉠, ㉡, ㉢
④ A – ㉠, ㉡, ㉢ B – ㉠, ㉡ C – ㉠
⑤ A – ㉠, ㉡, ㉢ B – ㉡, ㉢ C – ㉢

부동산 경기순환

1. 경기변동의 유형
   1) 계절적 경기변동 : 방학, 12월(겨울) ~~
   2) **무작위적** 경기변동 : 예기치 못한 상황 **정부의 정책**, 지진, 전쟁 등

2. 구분 : **확장기** vs **수축기** (회복, 상향 vs 후퇴, 하향)

3. 특징 : 1) 주기는 **길다**. 진폭은 **깊다**.
   2) 국면은 **불규칙 · 불명확**하다.
   3) **확장기**가 **수축기**보다 **길다**.

4. **확장기** : 1) 매도자 중시 시장
   2) 과거 거래가격은 새로운 거래의 **하한**

5. 수축기 : 1) 매수자 중시 시장
   2) 과거 거래가격은 새로운 거래의 **상한**

A 정답 ③ / ④

27. 부동산 경기에 대한 설명으로 틀린 것은?

① 부동산 경기순환은 일반경기에 비해 주기는 길고 진폭은 크며, 순환의 각 국면이 불규칙・불명확한 특징을 갖는다.
② 부동산 경기변동은 일반경기에 비해 저점이 깊고 정점이 높은 경향이 있다.
③ 상향시장은 매수자가 중시되는 시장으로 직전 국면의 거래가격은 새로운 거래가격의 상한이 되는 경향이 있다.
④ 하향국면은 매수자가 중시되고, 과거의 거래사례가격은 새로운 거래가격의 상한이 되는 경향이 있다.
⑤ 안정시장에 속하는 시장에는 도심의 위치가 좋고 규모가 적당한 주택이나 점포 등을 예로 들 수 있다.

28. 부동산 경기변동과 중개활동에 관한 설명으로 옳지 않은 것은? (평가사 28회)

① 하향시장의 경우 종전의 거래사례가격은 새로운 매매활동에 있어 가격설정의 상한선이 되는 경향이 있다.
② 상향시장에서 매도자는 가격상승을 기대하여 거래의 성립을 미루려는 반면, 매수자는 거래성립을 앞당기려 하는 경향이 있다.
③ 중개물건 의뢰의 접수와 관련하여 안정기의 경우 공인중개사는 매각의뢰와 매입의뢰의 수집이 다 같이 중요하다.
④ 실수요 증가에 의한 공급부족이 발생하는 경우 공인중개사는 매수자를 확보해두려는 경향을 보인다.
⑤ 일반적으로 부동산 경기는 일반경기에 비하여 경기의 변동폭이 큰 경향이 있다.

●● 거미집 모형

1. 거미집 모형 중 **수렴형**의 조건 1) **수요의 가격탄력성** > 공급의 가격탄력성 2) **수요곡선 기울기 절댓값** < 공급곡선 기울기 절댓값

●● **탄력성 제시** : 소비자가 보다 똑똑하다면 – 수렴

●● **기울기 값을 제시** : 소비자 키가 보다 작으면 – 수렴

●● **함수를 제시한 경우, 기울기 값 찾는 요령**

1. 수량(Q) 앞의 수치를 읽는다.
2. P로 시작하는지를 확인한다.
3. P로 시작하지 않는다면 P로 만들어 준다.

Ⓐ 정답 ④(A,B,D,F) / ③

29. 거미집 이론에 따를 경우, 수렴형에 해당하는 부동산은 모두 몇 개인가?

• A부동산 : 수요의 가격탄력성 1.1, 공급의 가격탄력성 0.9 • B부동산 : 수요의 가격탄력성 0.8, 공급의 가격탄력성 0.6 • C부동산 : 수요의 가격탄력성 1.3, 공급의 가격탄력성 1.8 • D부동산 : 수요곡선 기울기 '−0.4', 공급곡선 기울기 '+0.6' • E부동산 : 수요곡선 기울기 '−0.8', 공급곡선 기울기 '+0.6' • F부동산 : 수요함수(2P = 500 − Qd), 공급함수(4P = 400 + 4Qs) • G부동산 : 수요함수(P = 400 − 2Qd), 공급함수(2P = 100 + 4Qs)

① 1개 ② 2개 ③ 3개 ④ 4개 ⑤ 5개

30. 거미집 모형에 관한 설명으로 옳은 것은? (중개사 34회)

① 수요의 가격탄력성이 공급의 가격탄력성보다 크면 발산형이다.
② 가격이 변동하면 수요와 공급은 모두 즉각적으로 반응한다는 가정을 전제하고 있다.
③ 수요곡선의 기울기 절댓값이 공급곡선의 기울기 절댓값보다 작으면 수렴형이다.
④ 수요와 공급의 동시적 관계로 가정하여 균형의 변화를 정태적으로 분석한 모형이다.
⑤ 공급자는 현재와 미래의 가격을 동시에 고려해 미래의 공급을 결정한다는 가정을 전제하고 있다.

31. 부동산 시장에 대한 정부의 공적 개입에 관한 설명으로 틀린 것은?

① 정부가 주택시장에 개입하는 이유는 주택시장에 시장실패의 요인이 있기 때문이다.
② 정부는 시장에서 효율적인 자원배분이 이루어지더라도 개입하는 경우가 있다.
③ 시장기능으로 달성하기 어려운 소득재분배, 공공재의 공급, 경제 안정화 등을 달성하기 위하여 정부가 개입한다.
④ 부동산 투기, 저소득층 주거문제, 부동산자원배분의 비효율성은 정부가 시장에 개입하는 근거가 된다.
⑤ 부동산 시장실패의 대표적인 원인으로 공공재, 외부효과, 정보의 비대칭성이 있다.
⑥ 시장이 자원을 효율적으로 배분하지 못하는 상황을 정부실패라고 한다.
⑦ 정부의 시장 개입이 오히려 전보다 못한 결과를 만들어 내는 경우도 있다.

32. 시장실패의 원인으로 옳지 않은 것은? (평가사 34회)

① 외부효과
② 정보의 대칭성
③ 공공재의 공급
④ 불완전경쟁시장
⑤ 시장의 자율적 조절기능 상실

●● 시장실패와 정부실패

1. **시장실패**
   1) 의미 : 시장이 **자원**을 효율적으로 배분하지 못하는 상황
   2) **원인** ① **외부효과, 공공재**
   ② 불완전경쟁
   ③ 정보의 비대칭성, 위험과 불확실성

2. **정부실패**
   정부의 시장 개입이 오히려 시장을 왜곡시키는 현상

A 정답 ⑥ / ②

●● 외부효과와 시장실패

1. **외부불경제** (**공해**)
   1) 유형 : **과대생산** 또는 과대소비
   2) 대책 : 벌금, 부담금 및 조세 등의 **규제**
   3) **님비**(NIMBY) 현상
   4) 사회적 비용 > 사적 비용

2. **외부경제** (**꽃집**)
   1) 유형 : **과소생산** 또는 과소소비
   2) 대책 : 보조금 또는 지원금 등의 **지원**
   3) **핌피**(PIMFY)현상
   4) 사회적 편익 > 사적 편익

●● 공공재와 시장실패

1. 공공재 특징
   1) 소비의 **비경합성** : 먼저 소비하기 위해 **경쟁**하지 않는다.
   2) 소비의 **비배제성**(대가의 문제)
   : **대가**를 지불하지 않은 사람도 소비에서 배제되지 않는다. 즉 **소비를 한다**.

2. 공공재와 시장실패
   1) 유형 : 무임승차자로 인한 **과소**생산
   2) 대책 : 정부의 직접 생산 및 공급

A 정답 ③ / ①②

33. 외부효과에 대한 설명으로 옳은 것은? (평가사 34회)

① 외부효과란 거래 당사자가 시장메카니즘을 통하여 상대방에게 미치는 유리하거나 불리한 효과를 말한다.

② 부(−)의 외부효과는 의도되지 않은 손해를 주면서 그 대가를 지불하지 않는 외부경제라고 할 수 있다.

③ 정(+)의 외부효과는 소비에 있어 사회적 편익이 사적 편익보다 큰 결과를 초래한다.

④ 부(−)의 외부효과에는 보조금 지급이나 조세경감의 정책이 필요하다.

⑤ 부(−)의 외부효과는 사회적 최적생산량보다 시장생산량이 적은 과소생산을 초래한다.

34. 공공재에 대한 설명으로 틀린 것은?

① 공공재는 소비의 경합성과 소비의 배제성이라는 특성을 갖는다.

② '소비의 비배제성'이란 어떤 개인의 소비가 다른 개인의 소비를 감소시키지 않는 특성을 말한다.

③ 공공재는 소비의 비배제성으로 인하여 개인들이 생산비를 부담하지 않고 이를 최대한 이용하려고 하는데, 이를 무임승차자의 문제라고 한다.

④ 공공재의 생산을 시장에 맡길 경우, 공공재는 사회적 적정생산량보다 과소하게 생산되는 경향이 있다.

⑤ 공공재는 정부가 직접 생산하고 공급하는 것이 일반적이다.

●● 직접개입방식과 간접개입방식

1. **직접**방식
   1) **임대료 규제**(상한제), **분양가 규제**(상한제)
   2) 토지비축제도(토지**은행**), 토지**수용**, **선매**제도
   3) 각종 공영개발
2. **간접**방식
   1) **조세**, **부담금**, 각종 **지원** 및 **보조**
   2) 대출 **규제** : LTV · DTI 조정
3. 토지이용규제

Ⓐ 정답 ③(㉡㉣㉥㉧) / ④

35. 부동산 시장에 대한 정부의 개입방식을 직접과 간접으로 구분하는 경우, 정부의 직접개입방식은 모두 몇 개인가?

㉠ 개발부담금	㉡ 토지비축제도(토지은행제도)
㉢ 보조금, 지원금	㉣ 선매제도
㉤ 종합부동산세	㉥ 토지수용
㉦ LTV, DTI 규제	㉧ 분양가상한제

① 2개 ② 3개 ③ 4개 ④ 5개 ⑤ 6개

36. 부동산 시장에 대한 정부의 개입에 관한 설명으로 틀린 것은? (중개사 34회)

① 부동산 투기, 저소득층 주거문제, 부동산자원배분의 비효율성은 정부가 부동산 시장에 개입하는 근거가 된다.
② 부동산 시장실패의 대표적인 원인으로 공공재, 외부효과, 정보의 비대칭성이 있다.
③ 토지비축제도는 공익사업용지의 원활한 공급과 토지시장 안정을 위해 정부가 직접적으로 개입하는 방식이다.
④ 토지수용, 종합부동산세, 담보인정비율, 개발부담금은 부동산 시장에 대한 직접개입수단이다.
⑤ 정부가 주택시장에 개입하여 민간분양주택 분양가를 규제할 경우 주택산업의 채산성 · 수익성을 저하시켜 신축민간주택의 공급을 축소시킨다.

●● 재산세와 양도소득세 부과 효과

1. 임대주택에 대한 **재산세 부과** 1) 보다 **비탄력적인 상대방**이 보다 **많이** 부담한다. 2) 임대인이 **완전 비탄력적**인 경우 : 임대인이 **전부** 부담 조세 **전가는 없다.**

2. **양도소득세** 부과의 **동결효과** : 주택의 **공급 감소**로 인한 주택 **가격 상승** 3. 헨리 조지의 **토지 단일세** : 토지세만으로 국가 재정을 충분히 부담할 수 있기 때문에 **다른 모든 조세를 철폐**하고 **토지세만을 단일하게 부과**하자.

Ⓐ 정답 ④ / ⑤

37. 조세 부과의 효과를 설명한 것으로 틀린 것은?

① 임대주택에 재산세가 부과되면 세금은 장기적으로 임차인에게 전가될 수 있다.

② 공급의 가격탄력성은 탄력적인 반면 수요의 가격탄력성은 비탄력적이라면, 임차인이 임대인보다 더 많은 조세를 실질적으로 부담한다.

③ 주택공급의 동결효과란 가격이 오른 주택의 소유자가 양도소득세를 납부하지 않기 위해서 주택의 처분을 적극적으로 연기하거나 포기하는 현상을 말한다.

④ 주택시장에 동결효과가 발생하면, 주택의 가격은 하락할 수 있다.

⑤ 토지공급의 가격탄력성이 '0'인 경우, 부동산 조세 부과시 토지소유자가 전부 부담하게 된다.

38. 부동산 조세에 관한 설명으로 틀린 것은? (중개사 32회)

① 조세의 중립성은 조세가 시장의 자원배분에 영향을 미치지 않아야 한다는 원칙을 의미한다.

② 양도소득세를 중과하면 부동산의 보유기간이 늘어나는 현상이 발생할 수 있다.

③ 조세의 사실상 부담이 최종적으로 어떤 사람에게 귀속되는 것을 조세의 귀착이라 한다.

④ 양도소득세는 양도로 인해 발생하는 소득에 대해 부과되는 것으로 타인에게 전가될 수 있다.

⑤ 재산세와 종합부동산세는 보유세로서 지방세이다.

39. **부동산 조세에 관한 설명으로 옳은 것을 모두 고른 것은?** (중개사 33회)

> ㉠ 양도소득세와 부가가치세는 국세에 속한다.
> ㉡ 취득세와 등록면허세는 지방세에 속한다.
> ㉢ 상속세와 재산세는 부동산의 취득단계에 부과한다.
> ㉣ 증여세와 종합부동산세는 부동산의 보유단계에 부과한다.

① ㉠　　② ㉠, ㉡　　③ ㉡, ㉣
④ ㉠, ㉢, ㉣　　⑤ ㉡, ㉢, ㉣

40. **우리나라의 부동산 조세제도에 관한 설명으로 틀린 것은?** (평가사 32회)

① 양도소득세와 취득세는 신고납부방식이다.
② 취득세와 증여세는 부동산의 취득단계에 부과한다.
③ 양도소득세와 종합부동산세는 국세에 속한다.
④ 상속세와 증여세는 누진세율을 적용한다.
⑤ 종합부동산세와 재산세의 과세기준일은 매년 6월 30일이다.

41. **부동산 조세정책에 관한 설명으로 옳은 것을 모두 고른 것은?** (평가사 34회)

> ㉠ 부가가치세와 등록면허세는 국세에 속한다.
> ㉡ 재산세와 상속세는 신고납부방식이다.
> ㉢ 증여세와 재산세는 부동산의 보유단계에 부과한다.
> ㉣ 상속세와 증여세는 누진세율을 적용한다.

① ㉣　　② ㉠, ㉣　　③ ㉡, ㉢
④ ㉠, ㉡, ㉢　　⑤ ㉡, ㉢, ㉣

부동산 조세

구 분	취득단계	보유단계	처분단계
지방세	**취득세**	**재산세**	
국 세		종합부동산세	양도소득세
	상속세(국세) 증여세(국세)		

보통 징수(정부의 부과 · 징수) : 재산세, 종부세

누진세 없다 : 취득세, 등록면허세

Ⓐ 정답 ② / ⑤ / ①

임대주택정책 3종 세트

1. **임대료규제**(시장임대료 **이하**로 규제)
   1) **단기** : **초과수요**
   2) **장기** : **공급(물량)감소** ① 주택의 질적 **저하**
   ② 주거이동의 **제한**
   ③ **암시장**의 형성

2. **임대료보조**(소비자 보조, 임차인에게 보조)
   1) **단기** : 임대주택 **수요증가**
   2) **장기** : 임대주택 **공급증가**

3. **공공임대주택**

분양가상한제

1. 사업주체가 일반인에게 공급하는 공동주택 중 다음 하나에 해당하는 지역에서 공급하는 주택의 경우에는 **분양가상한제를 적용하여야 한다**.
   1) **공공택지**(에서 **공**급하는 **공**동주택)
   2) **공공택지 외의 택지**에서 주택가격 상승 우려가 있어 주거정책심의위원회 심의를 거쳐 지정하는 지역

2. **도시형 생활주택** : 분양가상한제를 **적용하지 아니한다**.

A 정답 ①③④⑥ / ③

42. 임대주택정책의 효과에 관한 설명으로 틀린 것은?

① 임대료 상한을 균형임대료 이하로 규제하면 임대주택의 초과공급 현상이 나타난다.
② 정부가 임대료를 균형임대료 이하로 규제할 때, 임대주택의 사업성이 악화되기 때문에 장기적으로 임대주택의 물량이 감소한다.
③ 정부가 최고임대료를 시장 균형임대료보다 높게 설정하면, 임대주택의 물량이 감소한다.
④ 임대료 규제는 임대부동산을 질적으로 향상시키고 기존 세입자의 주거이동을 촉진시킨다.
⑤ 임대료 보조정책은 저소득층의 실질소득을 증가시키는 효과를 가지며, 다른 조건이 같을 경우, 임대주택의 수요를 증가시킨다.
⑥ 임대료 보조정책은 다른 조건이 같을 경우, 장기적으로 임대주택의 공급을 감소시킬 수 있다.

43. 분양주택정책에 관한 설명으로 틀린 것은?

① 분양가상한제의 목적은 주택가격을 안정시키고 무주택자의 신규주택 구입부담을 경감시키기 위해서이다.
② 선분양제도는 준공 전 분양대금이 유입되므로 사업자의 초기자금부담을 완화시킬 수 있다.
③ 주택선분양제도는 후분양제도에 비해 주택공급을 감소시켜 주택시장을 위축시킬 가능성이 더 큰 편이다.
④ 주택법령상 분양가상한제 적용주택 및 그 주택의 입주자로 선정된 지위에 대하여 전매를 제한할 수 있다.
⑤ 주택법령상 분양가상한제 적용주택의 분양가격은 택지비와 건축비로 구성된다.

44. 주거정책에 관한 설명으로 틀린 것을 모두 고른 것은? (중개사 34회)

> ㉠ 우리나라는 주거에 대한 권리를 인정하고 있지 않다.
> ㉡ 공공임대주택, 주거급여제도, 주택청약종합저축제도는 현재 우리나라에서 시행되고 있다.
> ㉢ 주택바우처는 저소득임차가구에 주택임대료를 일부 지원해주는 소비자보조방식의 일종으로 임차인의 주거지 선택을 용이하게 할 수 있다.
> ㉣ 임대료보조정책은 민간임대주택의 공급을 장기적으로 감소시키고 시장임대료를 높인다.
> ㉤ 임대료를 균형가격 이하로 통제하면 민간임대주택의 공급량은 증가하고 질적 수준은 저하된다.

① ㉠, ㉡, ㉤　② ㉠, ㉢, ㉤　③ ㉠, ㉣, ㉤
④ ㉡, ㉢, ㉣　⑤ ㉢, ㉣, ㉤

너무 많이 실수했다. : 틀린 것 찾기

A 정답 ③

주택정책 관련 용어

1. **소득대비 주택가격비율**(PIR)

$$= \frac{\text{주택가격}}{\text{가구의 소득}}$$

2. **불량주택**이 존재하는 이유 : **시장실패**는 아니다.
3. **주거급여**
4. **주택바우처 제도**

개발권양도제도, 토지은행제도, 용도지역제

1. **개발권양도제도**
 1) **토지소유자**에게 **손실**을 **보상**하고자 하는 제도
 2) 현재 도입되지 않은 제도이다.

2. **공공토지비축제도**(토지은행제도)
 1) 목적 : 공익사업에 필요한 토지 공급, 토지시장의 안정
 2) 현재 **한국토지주택공사**의 계정으로 운영되는 제도이다.

3. **용도지역제도**
 : 어울리지 않는 토지 이용으로 인해 발생하는 **부(−)의 외부효과를 제거하거나 감소**시키기 위해 도입된 제도이다.

A 정답 ④ / ⑤

45. (암기해야 할 주택정책 관련 용어) / **정책에 관한 설명으로 틀린 것은?**

① 주택바우처(housing voucher)는 임대료 보조정책의 하나이다.
② 주택정책은 주거안정을 보장해준다는 측면에서 복지기능도 수행한다.
③ 소득대비 주택가격비율(PIR)과 소득대비 임대료비율(RIR)은 주택시장에서 가구의 지불능력을 측정하는 지표이다.
④ 공공임대주택 공급정책은 입주자가 주거지를 자유롭게 선택할 수 있는 것이 장점이다.
⑤ 주거복지정책상 주거급여제도는 소비자보조방식의 일종이다.

46. 토지은행제도(공공토지비축제도)**에 관한 설명으로 틀린 것은?** (중개사 28회)

① 토지비축제도는 정부가 직접적으로 부동산 시장에 개입하는 정책수단이다.
② 토지비축제도의 필요성은 토지의 공적 기능이 확대됨에 따라 커질 수 있다.
③ 토지비축사업은 토지를 사전에 비축하여 장래 공익사업의 원활한 시행과 토지시장의 안정에 기여할 수 있다.
④ 토지비축제도는 사적 토지소유의 편중현상으로 인해 발생 가능한 토지보상비 등의 고비용 문제를 완화시킬 수 있다.
⑤ 공공토지의 비축에 관한 법령상 비축토지는 각 지방자치단체에서 직접 관리하기 때문에 관리의 효율성을 기대할 수 있다.

● 다양한 제도와 정책

1. **개발부담금** : 개발사업의 시행으로 이익을 얻은 **사업시행자로부터 개발이익**의 일정액을 **환수**하는 제도이다.

2. **토지적성평가** : 토지에 대한 **개발**과 **보전**의 경합이 발생했을 때 이를 합리적으로 조정하는 수단이다.

3. **토지거래허가구역** : 국토교통부장관 또는 시 · 도지사는 토지의 **투기적인 거래**가 성행하거나 **지가가 급격히 상승**하는 지역과 그러한 우려가 있는 지역을, 5년 이내의 기간을 정하여 토지거래계약에 관한 허가구역으로 지정할 수 있다.

4. **선매** : 시장 · 군수 · 구청장은 **다음 어느 하나에 해당**하는 토지에 대하여 **선매자를 지정**하여 그 토지를 **협의 매수**하게 할 수 있다.
   1) 공익사업용 토지
   2) 허가를 받아 취득한 토지를 이용목적대로 이용하고 있지 않은 토지

5. **부동산 거래 신고** : 거래당사자는 실제거래가격 등을 매매계약을 체결한 경우 **거래계약의 체결일로부터 30일 이내**에 부동산 소재지를 관할하는 시장 · 군수 · 구청장에게 공동으로 신고하여야 한다.

Ⓐ 정답 ② / ③④⑤

47. 부동산 거래규제에 관한 설명으로 틀린 것은? (중개사 32회)

① 주택취득시 자금조달계획서의 제출을 요구하는 것은 주택취득을 제한하는 방법이라 볼 수 있다.
② 투기지역으로 지정되면 그 지역에서 건설 · 공급하는 도시형 생활주택에 대해 분양가상한제가 적용된다.
③ 농지취득자격증명제는 농지취득을 제한하는 제도다.
④ 토지거래허가구역으로 지정된 지역에서 토지거래계약을 체결할 경우 시장 · 군수 또는 구청장의 허가를 받아야 한다.
⑤ 부동산거래신고제는 부동산 매매계약을 체결하는 경우 그 실제 거래가격 등을 신고하게 하는 제도다.

48. 최근 정책 관련 기출 지문이다. 틀린 지문을 모두 고르시오.

① 토지거래허가구역은 토지의 투기적인 거래가 성행하거나 지가가 급격히 상승하는 지역과 그러한 우려가 있는 지역을 대상으로 한다.
② 토지적성평가제도는 토지에 대한 개발과 보전의 경합이 발생했을 때 이를 합리적으로 조정하는 수단이다.
③ 개발권양도제는 개발사업의 시행으로 이익을 얻은 사업시행자로부터 개발이익의 일정액을 환수하는 제도이다.
④ 개발부담금제는 개발이 제한되는 지역의 토지소유권에서 개발권을 분리하여 개발이 필요한 다른 지역에 개발권을 양도할 수 있도록 하는 제도이다.
⑤ 토지선매에 있어 시장 · 군수 · 구청장은 토지거래계약허가를 받아 취득한 토지를 그 이용목적대로 이용하고 있지 아니한 토지에 대해서 선매자에게 강제로 수용하게 할 수 있다.
⑥ 부동산 거래당사자는 그 실제 거래가격 등을 거래계약의 체결일부터 30일 이내에 공동으로 신고해야 한다.

●● 우리나라에 없는 제도

1. **개발권양도제도**
2. **택지소유상한제**
3. **토지초과이득세**
4. 기타 : 공한(지)세, 종합토지세

A 정답 ③(㉠㉡㉣) / ③(㉠㉢㉧)

49. 현재 우리나라에서 시행하지 않는 부동산 정책은 모두 몇 개인가?

㉠ 개발권양도제도	㉡ 공한지세
㉢ 토지거래허가제	㉣ 택지소유상한제
㉤ 분양가상한제	㉥ 개발이익환수제
㉦ 실거래가신고제	㉧ 재건축초과이익환수제도
㉨ 부동산실명제	㉩ 주거급여제도

① 1개 ② 2개 ③ 3개 ④ 4개 ⑤ 5개

50. 현재 우리나라에서 시행하지 않는 부동산 정책은 모두 몇 개인가? (중개사 34회)

㉠ 택지소유상한제	㉡ 부동산거래신고제
㉢ 토지초과이득세	㉣ 주택의 전매제한
㉤ 부동산실명제	㉥ 토지거래허가구역
㉦ 종합부동산세	㉧ 공한지세

① 1개 ② 2개 ③ 3개 ④ 4개 ⑤ 5개

금융의 구분

1. **부채금융과 지분금융**
   1) **부채금융**
      ① **채권, 사채, 국채**
      ② 저당**금융**(대출), 신탁증서**금융**, 프로젝트**금융**
      ③ 주택저당증권(MBS)
      ④ 자산**유동화증권** : ABCP, CMBS
   2) **지분금융**
      ① **주식**(공모)
      ② **신**디케이션, 조인트 **벤처**, 부동산**투자**회사
   3) **메자닌금융** : **신**주인수권부사채, **전**환사채, 후순위 채권

2. **주택소비금융과 주택개발금융**
   1) **소비금융** : 주택의 **구입** 및 개량에 필요한 자금의 융통
   2) **개발금융** : 주택의 **건설**에 필요한 자금의 융통

3. **1차 시장과 2차 시장**
   1) 주택자금 **대출시장** : **1차 저당**시장
   2) 주택자금 **공급시장** : **2차 저당**시장 / 유동화 시장

A 정답 ③ / ①③

51. 부채금융(debt financing)에 해당하는 것을 모두 고른 것은? (중개사 32회)

> ㉠ 주택저당대출
> ㉡ 조인트 벤처(joint venture)
> ㉢ 신탁증서금융
> ㉣ 자산담보부기업어음(ABCP)
> ㉤ 부동산투자회사(REITs)

① ㉠, ㉡, ㉢ ② ㉠, ㉡, ㉣ ③ ㉠, ㉢, ㉣
④ ㉡, ㉢, ㉤ ⑤ ㉢, ㉣, ㉤

52. 금융에 관한 설명으로 틀린 것은?

① 총부채원리금상환비율(DSR)과 담보인정비율(LTV)은 소득기준으로 채무불이행위험을 측정하는 지표이다. (요런 것을 찾지 못하면 아니 되옵니다!)
② 대출수수료를 부담하는 경우 차입자의 실효이자율은 상승한다.
③ 주택금융시장은 금융기관이 수취한 예금 등으로 주택담보대출을 제공하는 주택자금 공급시장, 투자자로부터 자금을 조달하여 주택자금을 대출기관에 공급해주는 주택자금 대출시장 등으로 구분할 수 있다.
④ 공공주택금융은 일반적으로 민간주택금융에 비하여 대출금리가 낮고 대출기간도 장기이다.
⑤ 주택연금이란 주택을 금융기관에 담보로 맡기고, 금융기관으로부터 연금과 같이 매월 노후생활자금을 대출받는 제도다.

금융의 위험

1. 은행의 위험에 대한 대책 : **변동금리 상품** 판매
2. **조기상환** : 시장금리가 **하락**하는 경우

고정금리와 변동금리

1. **고정금리**
2. **변동금리**
   1) **구조** : **기준**(CD금리, COFIX) + **가산금리**
   2) **특징**
      ① 은행의 위험을 **차입자에게 전가**시키기 위한 상품
      ② 대출금리의 조정주기가 **짧을수록** 은행이 **유리**

A 정답 ② / ②

53. 대출의 위험에 관한 설명으로 틀린 지문은?

① 장래에 인플레이션이 예상되는 경우, 대출자(은행)는 고정금리 대신 변동금리로 대출하기를 선호한다.

② 차입자에게 고정금리대출을 실행하면 대출자의 인플레이션 위험은 낮아진다.

③ 시장이자율이 대출약정이자율보다 낮아지면 차입자는 기존대출금을 조기상환하는 것이 유리하다.

④ 시장이자율 하락시 고정금리대출을 실행한 대출기관은 차입자의 조기상환으로 인한 위험이 커진다.

⑤ 대출기관은 대출의 위험을 줄이기 위해 부채감당률이 1.0 이상이 되는 투자안을 선택한다.

54. 고정금리대출과 변동금리대출에 관한 설명으로 틀린 것은?

① 일반적으로 다른 조건이 동일하다면, 고정금리상품의 대출금리가 변동금리상품의 대출금리보다 높다.

② 변동금리대출은 시장상황에 따라 이자율을 변동시킬 수 있으므로 기준금리 외에 가산금리는 별도로 고려하지 않는다.

③ 변동금리대출의 경우 시장이자율 상승시 이자율 조정주기가 짧을수록 대출기관에게 유리하다.

●● 상환 방식의 특징(기초 기준)

1. **원리금 균등** 상환 방식
   1) 이자는 **감소**
   2) **원금은 증가**
2. **원금 균등** 상환 방식
   1) 원리금 일정금액 **감소**
   2) 저당잔금은 일정금액 **감소**
3. **체증식** 상환 방식
   1) 원리금이 점점 증가
   2) **부(負)의 상환**

●● 상환 방식의 비교

1. **기초 저당지불액**(원금+이자) 크기
   원금 균등 > 원리금 균등 > 체증식(점증식)
2. **기초 원금상환액** 크기
   원금 균등 > 원리금 균등 > 체증식(점증식)
3. **기초 저당잔금**액 크기
   체증식(점증식) > 원리금 균등 > **원금** 균등
4. **상환기간 전체의 이자누적**액
   체증식(점증식) > 원리금 균등 > **원금** 균등

A 정답 ② / ②

55. 저당상환방법에 관한 설명 중 틀린 것은?

① 원리금균등상환방식은 매기 이자상환액이 감소하는 만큼 원금상환액이 증가한다.
② 원리금균등상환방식의 경우, 매기간에 상환하는 원금상환액이 점차적으로 감소한다.
③ 원금균등상환방식의 경우, 매기간에 상환하는 원리금상환액과 대출잔액이 점차적으로 감소한다.
④ 점증(체증)상환방식의 경우, 미래 소득이 증가될 것으로 예상되는 젊은 차입자에게 적합하다.
⑤ 체증식(점증식) 상환방식의 경우, 부(負)의 상환이 발생할 수 있다.

56. 대출상환방식에 관한 설명으로 틀린 것은?

① 대출기간 초기에는 원금균등분할상환방식의 원리금이 원리금균등분할상환방식의 원리금보다 많다.
② 원금균등상환방식은 원리금균등상환방식에 비해 대출기간 전체의 누적이자액이 더 크다.
③ 중도상환시 차입자가 상환해야 하는 저당잔금은 원리금균등분할상환방식이 원금균등분할상환방식보다 많다.
④ 대출금을 조기상환하는 경우 원리금균등상환방식에 비해 원금균등상환방식의 상환액이 더 적다.
⑤ 대출실행시점에서 총부채상환비율(DTI)은 원금균등상환방식이 원리금균등상환방식보다 크다.

●● 듀레이션(duration)

1. 가중평균 상환기간 또는 가중평균 회수기간
2. 빚을 **빠르게 갚는 방식**일수록 듀레이션은 **짧다**.

●● **원금 균등 상환** : ~~~ **감소**한다.

●● **원리금 균등 상환** : ~~~ **원금**은 **증가**한다.

●● DTI **크기** = **원리금의 크기**

A 정답 ④ / ③

57. 주택금융의 상환방식에 관한 설명으로 옳지 않은 것은? (평가사 34회)

① 만기일시상환방식은 대출만기 때까지는 원금상환이 전혀 이루어지지 않기에 매월 내는 이자가 만기 때까지 동일하다.

② 원금균등분할상환방식은 대출 초기에 대출원리금의 지급액이 가장 크기에 차입자의 원리금지급 부담도 대출 초기에 가장 크다.

③ 원리금균등분할상환방식은 매기의 대출원리금이 동일하기에 대출 초기에는 대체로 원금상환 부분이 작고 이자지급 부분이 크다.

④ 점증상환방식은 초기에 대출이자를 전부 내고, 나머지 대출원금을 상환하는 방식으로 부의 상환(negative amortization)이 일어날 수 있다.

⑤ 원금균등분할상환방식이나 원리금균등분할상환방식에서 거치기간을 별도로 정할 수 있다.

58. 대출상환방식에 관한 설명으로 옳지 않은 것은? (평가사 33회)

① 원금균등분할상환방식은 만기에 가까워질수록 차입자의 원리금상환액이 감소한다.

② 원리금균등분할상환방식은 만기에 가까워질수록 원리금상환액 중 원금의 비율이 높아진다.

③ 대출조건이 동일하다면 대출기간 동안 차입자의 총원리금상환액은 원금균등분할상환방식이 원리금균등분할상환방식보다 크다.

④ 차입자의 소득에 변동이 없는 경우 원금균등상환방식의 총부채상환비율(DTI)은 만기에 가까워질수록 낮아진다.

⑤ 차입자의 소득에 변동이 없는 경우 원리금균등분할상환방식의 총부채상환비율(DTI)은 대출기간 동안 일정하게 유지된다.

●● 유동화 증권(주택저당증권)의 유형

구 분	MPTS	MBB	MPTB/CMO
	(지분형)	(채권형)	(혼합형)
조기상환위험	투자자	발행자	**투자자**
원리금수취권	투자자	발행자	**투자자**
소유권 (채무불이행위험)	투자자	발행자	**발행자**

※ **발행자** = 발행기관 = 유동화기관 = 한국주택금융공사

●● **유동화 증권의 형태** : (<u>기초자산</u>) B S

A 정답 ④ / 모두 옳음

59. 모기지(mortgage) 유동화에 관한 설명으로 틀린 것은?

① MPTS의 조기상환위험은 투자자가 부담한다.

② MBB의 발행자는 최초의 주택저당채권 집합물에 대한 소유권을 갖는다.

③ MPTB는 MPTS(지분형 증권)와 MBB(채권형 증권)를 혼합한 특성을 지닌다.

④ MPTB의 경우, 조기상환위험은 증권발행자가 부담한다.

⑤ MPTB의 발행자는 최초의 주택저당채권 집합물에 대한 소유권을 갖는다.

60. 부동산 증권에 관한 설명으로 틀린 것은?

① 유동화란 은행 등 대출기관의 유동성을 풍부하게 하기 위해 도입된 제도이다.

② 주택저당증권(MBS)은 금융기관 등이 주택자금을 대출하고 취득한 주택저당채권을 유동화전문회사 등이 양수하여 이를 기초로 발행하는 증권을 의미한다.

③ 자산유동화증권(ABS)은 금융기관 및 기업이 보유하고 있는 매출채권, 부동산저당채권 등 현금흐름이 보장되는 자산을 담보로 발행하는 증권을 의미한다.

④ CMBS(commercial mortgage backed securities)란 금융기관이 보유한 상업용 부동산 모기지(mortgage)를 기초자산으로 하여 발행하는 증권이다.

지문 해석 요령

1. MBB 기준
 1) **발행기관**이 **보유**한다. 또는 **소유**한다. : **옳은** 지문
 2) **발행자**가 ~~~ **제공**해야 한다. : **옳은** 지문
 3) **발행자**가 ~~~ 이자를 **지급하여야 한다**. : **옳은** 지문

2. CMO 기준
 1) **다양하다**. 라는 의미만 **있으면**… : 옳은 지문
 2) **다양하지 않다**. 라는 의미라면… : 틀린 지문

A 정답 ③ / ③

61. 다음은 어려운 기출지문이다. 부동산 증권에 관한 설명으로 틀린 것은?

① MBB는 채권형 증권으로 발행자는 초과담보를 제공하는 것이 일반적이다.
② MBB는 주택저당대출차입자의 채무불이행이 발생하더라도 MBB에 대한 원리금을 발행자가 투자자에게 지급하여야 한다.
③ MBB(mortgage backed bond)의 경우, 발행자에게 신용보강을 위한 초과담보가 필요하지 않다.
④ MPTS는 주택담보대출의 원리금이 회수되면, MPTS의 원리금으로 지급되므로 유동화기관의 자금관리 필요성이 원칙적으로 제거된다.
⑤ MPTS는 지분을 나타내는 증권으로서 유동화기관의 부채로 표기되지 않는다.

62. 부동산 증권에 관한 설명으로 옳지 않은 것은? (평가사 33회)

① 한국주택금융공사는 유동화 증권의 발행을 통해 자본시장에서 정책모기지 재원을 조달할 수 있다.
② 금융기관은 주택저당증권(MBS)을 통해 유동성 위험을 감소시킬 수 있다.
③ 저당담보부채권(MBB)의 투자자는 채무불이행위험을 부담한다.
④ 다계층증권(CMO)은 동일한 저당풀(mortgage pool)에서 상환우선순위와 만기가 다른 다양한 증권을 발행할 수 있다.
⑤ 지불이체채권(MPTB)의 투자자는 조기상환위험을 부담한다.

●●「부동산투자회사법」의 주요 내용

1. **회사의 설립** : 주식회사
   1) **설립자본금** : 자기 – 5억 , 위탁 · 기업구조 – 3억 이상

2. **국토교통부장관**의 **영업 인가 및 등록**

3. **최저자본금**
   1) 자기 – 70억 / 위탁 · 기업구조 – 50억 이상

4. **주식의 공모 및 분산**
   1) 주식 총수의 **30% 이상 공모**하여야 한다.
   2) 주주 1인은 **50%**를 초과하여 소유하지 못한다.

5. **자산의 운영과 구성**
   1) 총자산 **80%** 이상 : 부동산, 부동산 증권, 현금으로 구성
   2) **70%** 이상 : 부동산(건축 중인 건물을 포함)

6. **수익의 배당과 차입**
   1) 배당(**원칙**) : 이익배당한도의 **90%** 이상을 주주에게 배당
   2) 차입 : 자금을 **차입**하거나 **사채**를 발행할 수 **있다**.

7. **현물출자**
   1) **현물출자**에 의한 **회사 설립**은 할 수 **없다**.
   2) 최저자본금을 갖추기 전, **현물출자**로 **주식을 발행**할 수 **없다**.

Ⓐ 정답 ③ / ②

63. 부동산투자회사에 관한 설명으로 틀린 것은?

① 부동산투자회사는 주식회사로 하며, 그 상호에 부동산투자회사라는 명칭을 사용하여야 한다.
② 부동산투자회사는 「부동산투자회사법」에서 특별히 정한 경우를 제외하고는 「상법」의 적용을 받는다.
③ 기업구조조정 부동산투자회사는 자산운용전문인력을 포함한 임직원을 상근으로 두고 자산의 투자 · 운용을 직접 수행하는 회사이다.
④ 위탁관리 부동산투자회사는 본점 외의 지점을 설치할 수 없으며 직원을 고용하거나 상근 임원을 둘 수 없다.
⑤ 위탁관리 부동산투자회사는 자산의 투자 · 운용업무를 자산관리회사에 위탁하여야 한다.

64. 우리나라 부동산투자회사(REITs)에 관한 설명 중 틀린 것은?

① 자기관리 부동산투자회사의 설립자본금은 5억원 이상이다.
② 부동산투자회사는 발기설립의 방법으로 하여야 하며, 현물출자에 의한 설립이 가능하다.
③ 감정평가사 또는 공인중개사로서 해당 분야에 5년 이상 종사한 사람은 자기관리 부동산투자회사의 상근 자산운용전문인력이 될 수 있다.
④ 영업인가를 받은 날부터 6개월이 지난 자기관리 부동산투자회사의 자본금은 70억원 이상이 되어야 한다.
⑤ 부동산투자회사는 최저자본금준비기간이 끝난 후에는 매 분기 말 현재 총자산의 100분의 80 이상을 부동산, 부동산 관련 증권 및 현금으로 구성하여야 한다. 이 경우 총자산의 100분의 70 이상은 부동산(건축 중인 건물을 포함한다)이어야 한다.

●● **실질형**(자기관리) : 직원, 전문인력

●● **자산의 구성**

1. 부동산투자회사는 최저자본금준비기간이 끝난 후에는 매 분기 말 현재 총자산의 100분의 80 이상을 부동산, 부동산 관련 증권 및 현금으로 구성하여야 한다.
   이 경우 총자산의 100분의 70 이상은 부동산(건축 중인 건축물을 포함한다)이어야 한다.

●● **배당**(「부동산투자회사법」 제28조)

1. 부동산투자회사는 해당 연도 이익배당한도의 100분의 90 이상을 주주에게 배당하여야 한다.
2. 위탁관리 부동산투자회사가 제1항에 따라 이익을 배당할 때에는 해당 연도 이익배당한도의 이익을 초과하여 배당할 수 있다.

A 정답 ② / ⑤

65. 「부동산투자회사법」상 위탁관리 부동산투자회사에 관한 설명으로 틀린 것은? (중개사 30회)

① 주주 1인당 주식소유의 한도가 제한된다.
② 주주를 보호하기 위해서 직원이 준수해야 할 내부통제기준을 제정하여야 한다.
③ 자산의 투자 · 운용을 자산관리회사에 위탁하여야 한다.
④ 주요 주주의 대리인은 미공개 자산운용정보를 이용하여 부동산을 매매하거나 타인에게 이용하게 할 수 없다.
⑤ 설립자본금은 3억원 이상으로 한다.

66. 「부동산투자회사법」상 부동산투자회사에 관한 설명으로 옳은 것은? (평가사 33회)

① 최저자본금준비기간이 지난 위탁관리 부동산투자회사의 자본금은 70억원 이상이 되어야 한다.
② 자기관리 부동산투자회사의 설립자본금은 3억원 이상으로 한다.
③ 자기관리 부동산투자회사에 자산운용전문인력으로 상근하는 감정평가사는 해당 분야에 3년 이상 종사한 사람이어야 한다.
④ 최저자본금준비기간이 끝난 후에는 매 분기 말 현재 총자산의 100분의 80 이상이 부동산(건축 중인 건축물 포함)이어야 한다.
⑤ 위탁관리 부동산투자회사는 해당 연도 이익을 초과하여 배당할 수 있다.

> ※ **참고 : 기업구조조정** 부동산투자회사의 **적용 배제**
> ① 주식의 공모 / 주식의 분산
> ② 자산의 처분 / 자산의 구성

프로젝트 대출

1. 특징
   1) **사업주**에게 **비소구**금융 또는 제한적 소구금융
   2) **사업주**의 **부외금융효과**

2. 위험 감소 방법
   1) 자금관리계정(**에스크로우 계좌**)을 설치 · 운영
   2) 개발사업지에 대한 **담보신탁**

A 정답 ⑤ / ⑤

67. 프로젝트 금융에 관한 설명으로 옳은 것은? (평가사 34회)

① 기업 전체의 자산 또는 신용을 바탕으로 자금을 조달하고, 기업의 수익으로 원리금을 상환하거나 수익을 배당하는 방식의 자금조달기법이다.

② 프로젝트 사업주는 기업 또는 개인일 수 있으나, 법인은 될 수 없다.

③ 프로젝트 사업주는 대출기관으로부터 상환청구를 받지는 않으나, 이러한 방식으로 조달한 부채는 사업주의 재무상태표에는 부채로 계상된다.

④ 프로젝트 회사가 파산 또는 청산할 경우, 채권자들은 프로젝트 회사에 대해 원리금 상환을 청구할 수 없다.

⑤ 프로젝트 사업주의 도덕적 해이를 방지하기 위해 금융기관은 제한적 소구금융의 장치를 마련해두기도 한다.

68. 프로젝트 사업주(sponsor)**가 특수목적회사인 프로젝트회사를 설립하여 특정 프로젝트 수행에 필요한 자금을 금융회사로부터 대출받는 방식의 프로젝트 파이낸싱** (PF)**에 관한 설명으로 옳은 것을 모두 고른 것은?** (단, 프로젝트 사업주가 프로젝트회사를 위해 보증이나 담보제공을 하지 않음) (평가사 29회)

㉠ 일정한 요건을 갖춘 프로젝트회사는 법인세 감면을 받을 수 있다. ㉡ 프로젝트 사업주의 재무상태표에 해당 부채가 표시되지 않는다. ㉢ 금융회사는 담보가 없어 위험이 높은 반면 대출이자율을 높게 할 수 있다. ㉣ 프로젝트회사가 파산하더라도 금융회사는 프로젝트 사업주에 대해 원리금 상환을 청구할 수 없다.

① ㉠, ㉡, ㉢　　② ㉠, ㉡, ㉣　　③ ㉠, ㉢, ㉣
④ ㉡, ㉢, ㉣　　⑤ ㉠, ㉡, ㉢, ㉣

●● 개발의 이해

1. 개발의 **의미** : <u>**시공**을 담당하는 행위는 **제외**된다</u>.
2. 개발의 **단계** :
 1) **아**이디어 단계, 구상 단계
 2) **예**비적 타당성 분석 : <u>수익과 비용을 **개략적**으로</u>~
 3) **부**지 모색 및 확보
 4) **타**당성 분석
 5) **금**융
 6) **건**설
 7) **마**케팅

3. 위험의 **종류** 1) **법**적 위험
 2) **시**장 위험
 3) **비**용 위험

Ⓐ 정답 ③ / ①

69. 부동산 개발의 위험에 대한 설명으로 틀린 것은?

① 「부동산개발업의 관리 및 육성에 관한 법률」상 부동산 개발은 시공을 담당하는 행위를 제외한다.
② 개발비용이 예상했던 것 이상으로 증가하면 개발의 타당성이 낮아지는데, 이러한 위험을 비용 위험이라고 한다.
③ 토지이용계획이 확정된 토지를 구입하는 것은 비용 위험을 줄이기 위한 대안이 될 수 있다.

70. 다음은 부동산 개발과정에 내재하는 위험에 관한 설명이다. ( )에 들어갈 내용으로 옳게 연결된 것은? (평가사 28회)

- (㉠)은 정부의 정책이나 용도지역제와 같은 토지이용규제의 변화로 인해 발생하기도 한다.
- (㉡)은 개발된 부동산이 분양이나 임대가 되지 않거나, 계획했던 가격 이하나 임대료 이하로 매각되거나 임대되는 경우를 말한다.
- (㉢)은 인플레이션이 심할수록, 개발기간이 연장될수록 더 커진다.

① ㉠ 법률적 위험 ㉡ 시장 위험 ㉢ 비용 위험
② ㉠ 법률적 위험 ㉡ 관리 위험 ㉢ 시장 위험
③ ㉠ 사업 위험 ㉡ 계획 위험 ㉢ 비용 위험
④ ㉠ 계획 위험 ㉡ 시장 위험 ㉢ 비용 위험
⑤ ㉠ 시장 위험 ㉡ 계획 위험 ㉢ 사업 위험

●● 개발을 위한 부동산 분석

1. 지역경제 분석
  1) **지역 내 모든 부동산**에 대한 **근본적인 수요요인**을 분석
  2) 지역의 인구, 고용, 소득수준, 가구특성 등을 분석한다.

2. **시장** 분석
  1) **특정 유형**에 대한 **수요와 공급을 분석**하는 과정

3. 시장**성** 분석
  1) **미래(준공시점)**의 흡수율을 분석
  2) **흡수율** : 개발될 부동산이 **매매 또는 임대될 가능성**

4. **타당성** 분석

5. **투자** 분석
  1) 투자분석기법을 활용하여 **최종 대안**을 **결정**하는 과정

●● **민감도 분석 = 감응도 분석 = 낙비쌍관법**

Ⓐ 정답 ㉠ 시장성분석, ㉡ 민감도분석 / ④

71. 부동산 개발사업의 타당성 분석과 관련하여 다음의 설명에 해당하는 (　　)에 알맞은 용어는? (중개사 31회)

> • (㉠) : 특정 부동산이 가진 경쟁력을 중심으로 해당 부동산이 분양될 수 있는 가능성을 분석하는 것
> • (㉡) : 타당성 분석에 활용된 투입요소의 변화가 그 결과치에 어떠한 영향을 주는가를 분석하는 기법

㉠ ＿＿＿＿＿, ㉡ ＿＿＿＿＿

72. 부동산 개발의 타당성 분석 유형을 설명한 것이다. (　　)에 들어갈 내용으로 옳게 연결된 것은? (평가사 33회)

> • (㉠)은 부동산이 현재나 미래의 시장상황에서 매매 또는 임대될 수 있는 가능성을 분석하는 것이다.
> • (㉡)은 개발업자가 대상부동산에 대해 수립한 사업안들 중에서 최유효이용을 달성할 수 있는 방식을 판단할 수 있도록 자료를 제공해주는 것이다.
> • (㉢)은 주요 변수들의 초기 투입값을 변화시켜 적용함으로써 낙관적 또는 비관적인 상황에서 발생할 수 있는 수익성 및 부채상환능력 등을 예측하는 것이다.

① ㉠ 시장성분석 ㉡ 민감도분석 ㉢ 투자분석
② ㉠ 민감도분석 ㉡ 투자분석 ㉢ 시장성분석
③ ㉠ 투자분석 ㉡ 시장성분석 ㉢ 민감도분석
④ ㉠ 시장성분석 ㉡ 투자분석 ㉢ 민감도분석
⑤ ㉠ 민감도분석 ㉡ 시장성분석 ㉢ 투자분석

●● 공영개발의 방식

1. **토지**를 **취득**하는 **방식**으로 구분 2. 공영개발의 방식 1) **매수방식** : 협의 취득, 수용, 사용 등 2) **환지방식** : ① 토지소유권의 재분배(교환) ② **보류지, 체비지**(비용에 충당하는 토지) 3) **혼합방식**

Ⓐ 정답 ⑤ / ①

73. 부동산 개발의 분류상 다음 ( )에 들어갈 내용으로 옳은 것은? (중개사 31회)

토지소유자가 조합을 설립하여 농지를 택지로 개발한 후 보류지(체비지 · 공공시설 용지)를 제외한 개발토지 전체를 토지소유자에게 배분하는 방식 • 개발 형태에 따른 분류 : (㉠) • 토지취득방식에 따른 분류 : (㉡)

① ㉠ 신개발방식, ㉡ 수용방식
② ㉠ 재개발방식, ㉡ 환지방식
③ ㉠ 신개발방식, ㉡ 혼용방식
④ ㉠ 재개발방식, ㉡ 수용방식
⑤ ㉠ 신개발방식, ㉡ 환지방식

74. 토지개발방식으로서 수용방식과 환지방식의 비교에 관한 설명으로 옳지 않은 것은? (단, 사업구역은 동일함) (평가사 32회)

① 수용방식은 환지방식에 비해 종전 토지소유자에게 개발이익이 귀속될 가능성이 큰 편이다.
② 수용방식은 환지방식에 비해 사업비의 부담이 큰 편이다.
③ 수용방식은 환지방식에 비해 기반시설의 확보가 용이한 편이다.
④ 환지방식은 수용방식에 비해 사업시행자의 개발토지 매각부담이 적은 편이다.
⑤ 환지방식은 수용방식에 비해 종전 토지소유자의 재정착이 쉬운 편이다.

민간개발의 방식

1. **자체 개발 방식** 1) **수익**의 측면에서 유리
   2) **위험**의 측면에서 불리

2. **지주공동사업**
   1) 공사비 **대물** 변제형 / 공사비 **분양금** 지급형
   2) **사업 위탁형**
      ① 개발업자에게 개발을 위탁하는 방식
      ② 위탁 **수수료**의 문제

3. **사업 신탁형**
   1) 신탁회사에 **형식적 소유권**을 **이전**
   2) 개발 자금은 **신탁회사**가 조달

4. **등가교환방식**
   1) 토지소유자는 토지를 제공하고 개발업자는 건물을 건축하고 그 **기여도**에 따라 **지분**을 **분배**하는 방식

A 정답 ㉠ 사업위탁(수탁)방식, ㉡ 신탁개발방식 / ①

75. 부동산 개발사업의 방식에 관한 설명 중 ㉠과 ㉡에 해당하는 것은? (중개사 29회)

> ㉠ 토지소유자가 토지소유권을 유지한 채 개발업자에게 사업시행을 맡기고 개발업자는 사업시행에 따른 수수료를 받는 방식
> ㉡ 토지소유자로부터 형식적인 토지소유권을 이전받은 신탁회사가 사업주체가 되어 개발·공급하는 방식

㉠ ____________, ㉡ ____________

76. 민간의 부동산 개발사업방식에 관한 설명으로 틀린 것은?

① 토지소유자가 건설업자에게 시공을 맡기고 건설에 소요된 비용을 완성된 건축물로 변제하는 방식은 공사비 분양금 지급형이다.
② 컨소시엄 구성방식은 출자회사 간 상호 이해조정이 필요하다.
③ 사업위탁방식은 토지소유자가 개발업자에게 사업시행을 의뢰하고, 개발업자는 사업시행에 대한 수수료를 취하는 방식이다.
④ 지주공동사업은 토지소유자와 개발업자가 부동산 개발을 공동으로 시행하는 방식으로서, 일반적으로 토지소유자는 토지를 제공하고 개발업자는 개발의 노하우를 제공하여 서로의 이익을 추구한다.
⑤ 토지신탁형은 토지소유자로부터 형식적인 소유권을 이전받은 신탁회사가 토지를 개발·관리·처분하여 그 수익을 수익자에게 돌려주는 방식이다.

●● 민간투자사업방식

1. BTO 방식
   1) ~~~ **운영권(O)**을 통해 개발비용을 회수하는 방식
   2) 도로, 터널, 다리 등 **일반적인 기반시설**

2. BTL 방식
   1) ~~~정부 등에 그 시설을 **임차(L)**하는 방식
   2) 학교, 도서관, 기숙사 등 **건축물**

Ⓐ 정답 ①② / ④

77. 민간투자사업방식의 대표 유형 2가지이다. 이에 대한 설명으로 틀린 것은?

① BTO 방식 : 사업시행자가 시설의 준공과 함께 소유권을 국가 또는 지방자치단체로 이전하고, 해당 시설을 국가나 지방자치단체에 임대하여 수익을 내는 방식이다.

② BTL 방식 : 사업시행자가 시설을 준공하여 소유권을 보유하면서 시설의 수익을 가진 후 일정기간 경과 후 시설소유권을 국가 또는 지방자치단체에 귀속시키는 방식이다.

78. 민간투자사업의 유형이 옳게 짝지어진 것은? (중개사 32회)

ㄱ. 민간사업자가 자금을 조달하여 시설을 건설하고, 일정기간 소유 및 운영을 한 후 사업종료 후 국가 또는 지방자치단체 등에게 시설의 소유권을 이전하는 방식
ㄴ. 민간사업자가 자금을 조달하여 시설을 건설하고 일정기간 동안 타인에게 임대하고, 임대기간 종료 후 국가 또는 지방자치단체 등에게 시설의 소유권을 이전하는 방식
ㄷ. 민간사업자가 자금을 조달하여 시설을 건설하고, 준공과 함께 민간사업자가 당해 시설의 소유권과 운영권을 갖는 방식

<보기>	a. BTO(build-transfer-operate) 방식 b. BOT(build-operate-transfer) 방식 c. BTL(build-transfer-lease) 방식 d. BLT(build-lease-transfer) 방식 e. BOO(build-own-operate) 방식 f. ROT(rehabilitate-operate-transfer) 방식

① ㄱ-a, ㄴ-c, ㄷ-e ② ㄱ-a, ㄴ-d, ㄷ-e ③ ㄱ-b, ㄴ-c, ㄷ-f
④ ㄱ-b, ㄴ-d, ㄷ-e ⑤ ㄱ-b, ㄴ-d, ㄷ-f

관리의 구분

1. 관리의 복합적 측면
   1) **기술적** 관리
      - **시설** 관리
      - **토지 측량, 건물과 부지의 부적응** 개선
   2) **경제적** 관리 : 순수익 관리, **인사** 관리, **노무** 관리
   3) **법률적** 관리

2. 관리의 목적에 따른 분류
   1) **시설관리**
      ① **시설**의 유지 및 보수
      ② 사용자의 **요구**에 부응하는 **소극적 관리**
   2) **재산관리**(Property Management)
   3) **자산관리**
      ① **부동산 소유주의 부의 극대화**를 위하여 해당 부동산의 가치를 증진시키기 위한 **다양한 방법을 모색**
      ② **포트폴리오**, 매입·매각, **프로젝트 대출**, 재개발, 리모델링

A 정답 ③ / ④

79. 부동산 관리에 대한 설명으로 틀린 것은?

① 토지의 경계를 확인하기 위한 경계측량을 실시하는 등의 관리는 기술적 측면의 관리에 속한다.

② 법률적 측면의 부동산 관리는 부동산의 유용성을 보호하기 위하여 법률상의 제반 조치를 취함으로써 법적인 보장을 확보하려는 것이다.

③ 경제적 측면의 부동산 관리는 대상 부동산의 물리적·기능적 하자의 유무를 판단하여 필요한 조치를 취하는 것이다.

④ 시설관리는 부동산 시설을 운영하고 유지하는 것으로 시설사용자나 기업의 요구에 따르는 소극적 관리에 해당한다.

⑤ 위생관리, 보안관리 및 보전관리는 모두 기술적 관리에 해당한다.

80. 부동산 관리와 생애주기에 관한 설명으로 옳지 않은 것은? (평가사 33회)

① 자산관리(Asset Management)란 소유자의 부를 극대화시키기 위하여 대상 부동산을 포트폴리오 관점에서 관리하는 것을 말한다.

② 시설관리(Facility Management)란 각종 부동산 시설을 운영하고 유지하는 것으로 시설 사용자나 건물주의 요구에 단순히 부응하는 정도의 소극적이고 기술적인 측면의 관리를 말한다.

③ 생애주기상 노후단계는 물리적·기능적 상태가 급격히 악화되기 시작하는 단계로 리모델링을 통하여 가치를 올릴 수 있다.

④ 재산관리(Property Management)란 부동산의 운영수익을 극대화하고 자산가치를 증진시키기 위한 임대차관리 등의 일상적인 건물운영 및 관리뿐만 아니라 부동산 투자의 위험관리와 프로젝트 파이낸싱 등의 업무를 하는 것을 말한다.

⑤ 건물의 이용에 의한 마멸, 파손, 노후화, 우발적 사고 등으로 사용이 불가능할 때까지의 기간을 물리적 내용연수라고 한다.

3. 자가관리, 위탁관리, 혼합관리

1) **자가관리**

① 관리 업무에 대한 **강한 지시** 및 **통제**

② **신속**하고 **종합**적인 업무처리

③ **기밀**유지 및 **보안** 측면에서 유리

2) **위탁관리**

3) **혼합관리**

① 자가관리에서 위탁관리로 이행하는 **과도기**에 유리

② 관리의 **책임소재**가 **불분명**하다.

Ⓐ 정답 ⑤ / ③

81. 부동산 관리방식에 따른 해당 내용을 옳게 묶은 것은? (중개사 34회)

> ㉠ 소유자의 직접적인 통제권이 강화된다.
> ㉡ 관리의 전문성과 효율성을 높일 수 있다.
> ㉢ 기밀 및 보안 유지가 유리하다.
> ㉣ 건물설비의 고도화에 대응할 수 있다.
> ㉤ 대형건물의 관리에 더 유용하다.
> ㉥ 소유와 경영의 분리가 가능하다.

① 자기관리방식 - ㉠, ㉡, ㉢, ㉣
② 자기관리방식 - ㉠, ㉢, ㉤, ㉥
③ 자기관리방식 - ㉡, ㉢, ㉣, ㉥
④ 위탁관리방식 - ㉠, ㉢, ㉣, ㉤
⑤ 위탁관리방식 - ㉡, ㉣, ㉤, ㉥

82. 부동산 관리에 관한 설명으로 옳은 것은?

① 포트폴리오 관리, 리모델링, 부동산의 매입과 매각 등은 건물 및 임대차 관리의 내용이다.
② 의사결정과 업무처리가 신속한 방식은 위탁관리이다.
③ 부동산 관리에서 사고가 발생하기 전에 이를 예방하고자 하는 사전적 유지활동이 중요하다.
④ 유지란 대상 부동산의 외형을 변화시키면서 부동산의 기능을 유지하는 활동이다.
⑤ 임차부동산에서 발생하는 총수입(매상고)의 일정비율을 임대료로 지불한다면, 이는 임대차의 유형 중 순임대차에 해당한다.

●● 마케팅 전략

1. **시장점유마케팅** : **공급자 중심**의 마케팅 전략

1) STP 전략

① S(시장의 세분화)

② T(목표시장의 선택)

③ P(positioning, 포지셔닝) : **차별화**, **위치의** 설정
: 고객의 인식에 각인

2) 4P MIX 전략

① P(제품)

② P(가격)

③ P(유통경로) : **직접** 판매, **대행사** 활용, **중개업소** 활용

④ P(promotion, 촉진) : 광고, 홍보, **사은품**, **경품**

2. **고객점유마케팅** : **소비자의 심리 · 형태**를 강조

1) AIDA 원리 ① 주의(Attention)
② 관심(Interest)
③ 욕망(Desire)
④ 행동(Action)

3. **관계마케팅** : **지속적인 관계**를 유지

A 정답 ①④ / ②(㉠㉣)

83. 마케팅에 관한 설명으로 틀린 것은?

① 부동산 마케팅은 공급자 주도시장으로 전환됨에 따라 그 중요성이 강조된다.

② 시장점유마케팅 전략은 공급자 중심의 마케팅이다.

③ 고객점유마케팅 전략은 AIDA 원리를 적용하여 소비자의 욕구를 충족시키기 위해 수행된다.

④ 목표시장 선정 단계(targeting)는 목표시장에서 고객의 욕구를 파악하여 경쟁 제품과 차별성을 가지도록 제품 개념을 정하고 소비자의 지각 속에 적절히 위치시키는 것이다.

⑤ 분양 성공을 위해 아파트 브랜드를 고급스러운 이미지로 고객의 인식에 각인시키도록 하는 노력은 STP전략 중 포지셔닝 전략에 해당한다.

84. 다음 중 4P 전략 중 유통경로(Place)에 해당하는 전략은 모두 몇 개인가?

㉠ 부동산 중개업소 적극 활용
㉡ 시장분석을 통한 적정 분양가 책정
㉢ 주택청약자 대상 경품추첨으로 가전제품 제공
㉣ 분양대행사를 통한 분양
㉤ 아파트 단지 내 커뮤니티 시설 설치
㉥ 보안설비의 디지털화

① 1개 ② 2개 ③ 3개 ④ 4개 ⑤ 5개

●● **STP 전략** : S vs T vs P

●● **4P 전략** : 제품, 가격, 유통경로, **촉진**(Promotion)

A 정답 ② / ⑤

85. 부동산 마케팅에 관한 설명으로 틀린 것은? (중개사 32회)

① 부동산 시장이 공급자 우위에서 수요자 우위의 시장으로 전환되면 마케팅의 중요성이 더욱 증대된다.

② STP 전략이란 고객집단을 세분화(Segmentation)하고 표적시장을 선정(Targeting)하여 효과적으로 판매촉진(Promotion)을 하는 전략이다.

③ 경쟁사의 가격을 추종해야 할 경우 4P Mix의 가격전략으로 시가전략을 이용한다.

④ 관계마케팅 전략이란 고객과 공급자 간의 지속적인 관계를 유지하여 마케팅효과를 도모하는 전략이다.

⑤ 시장점유마케팅 전략이란 부동산 시장을 점유하기 위한 전략으로 4P Mix 전략, STP 전략이 있다.

86. 부동산 마케팅에 관한 설명으로 옳지 않은 것은? (평가사 33회)

① STP란 시장세분화(Segmentation), 표적시장(Target market), 포지셔닝(Positioning)을 말한다.

② 마케팅믹스 전략에서의 4P는 유통경로(Place), 제품(Product), 가격(Price), 판매촉진(Promotion)을 말한다.

③ 노벨티(novelty)광고는 개인 또는 가정에서 이용되는 실용적이며 장식적인 물건에 상호 · 전화번호 등을 표시하는 것으로 분양광고에 주로 활용된다.

④ 관계마케팅 전략은 공급자와 소비자 간의 장기적 · 지속적인 상호작용을 중요시하는 전략을 말한다.

⑤ AIDA 원리에 따르면 소비자의 구매의사결정은 행동(Action), 관심(Interest), 욕망(Desire), 주의(Attention)의 단계를 순차적으로 거친다.

지대이론

1. **리카도**의 **차액지대**론
   1) **비옥도**에 따른 생산력 차이
   2) 근거 : **비**옥한 토지의 희소성, **수**확체감의 법칙
   3) 한계 : **한계지**의 지대를 설명하지 **못한다**.(= **무지대**)

2. **마르크스**의 **절대지대**론
   1) **소유권**(절대권)에 의해 발생되는 지대
   2) **한계지**의 지대 발생을 설명할 수 **있다**.

3. **튀넨**의 **위치지대**론
   1) **위치**에 따른 **수송비** 차이
   2) 위치에 따른 **토지이용형태**는 **지대지불능력**에 의해 결정

4. **알론소**의 **입찰지대**
   1) 토지 이용자가 지불하고자 하는 **최대금액**
   2) **튀넨**의 농촌 토지 이론을 도시에 **적용**

A 정답 ②④⑦ / ③④

87. 지대이론과 학자의 연결이 틀린 것은?

① 리카도 – 차액지대 : 비옥한 토지의 제한, 수확체감법칙의 작동을 지대발생의 원인으로 보았다.

② 리카도 – 차액지대 : 지대란 토지의 비옥도나 생산력에 관계없이 발생하며, 최열등지에서도 발생한다.

③ 마르크스 – 절대지대 : 토지의 소유 자체가 지대의 발생요인이다.

④ 마르크스 – 독점지대 : 토지소유자는 토지 소유라는 독점적 지위를 이용하여 최열등지에도 지대를 요구한다.

⑤ 튀넨 – 위치지대 : 도시로부터 거리에 따라 농작물의 재배형태가 달라진다는 점에 착안하여, 수송비의 차이가 지대의 차이를 가져온다고 보았다.

⑥ 알론소 – 입찰지대 : 튀넨의 고립국이론을 도시공간에 적용하여 확장, 발전시킨 것이다.

⑦ 알론소 – 입찰지대 : 기업주의 정상이윤과 투입 생산비를 지불하고 남은 잉여에 해당하며, 토지 이용자에게는 최소지불용의액이라 할 수 있다.

88. 지대이론에 관한 설명으로 틀린 것은?

① 리카도(D. Ricardo)는 지대발생의 원인을 비옥한 토지의 희소성과 수확체감현상으로 설명하고, 토지의 질적 차이에서 발생하는 임대료의 차이로 보았다.

② 차액지대설에 따르면 지대는 생산물의 가격에 영향을 주는 비용이 아니라 경제적 잉여이다.

③ 마르크스(K. Marx)는 한계지의 생산비와 우등지의 생산비 차이를 절대지대로 보았다.

④ 튀넨(J. H. von Thünen)은 도시로부터 거리에 따라 농작물의 재배형태가 달라진다는 점에 착안하여, 비옥도의 차이가 지대의 차이를 가져온다고 보았다.

●● 기타 지대이론

5. **마샬**의 **준지대**
 1) **단기**에 공급이 고정된 **기계 · 기구** 등의 **사용대가**
 2) **영원**히 발생되는 것은 **아니다**.

6. 파레토의 **경제지대**
 1) **경제지대** : 총수입에서 **이전(전용)수입**을 **초과**한 부분
 2) **이전(전용)수입** : 다른 용도로 **이전(전용)**되지 않기 위해서 지불해야 하는 최소한의 금액

7. 헤이그의 **마찰비용**이론 : **지대**와 **교통비**로 구성

●● 주요 도시구조이론

1. **버제스**의 **동심원이론**
 1) 시카고시, **생태**학적 분석(**침입**, **경쟁**, 천이)
 2) 구조 : **중** / **점** / **노**, **중**, **통**
2. **호이트**의 **선형이론**
 1) 주요 간선도로를 따라 확장 / 부채꼴, 쐐기형
 2) 주택 가격 **지불능력**(소득)을 강조
3. **해리스와 울만**의 **다핵심이론**(다핵의 발생원인)
 1) 동종 활동의 **집적**, 이종 활동의 **분산**
 2) 특정 위치의 요구, 활동에 따른 지대지불능력의 차이

Ⓐ 정답 ③ / ③

89. 지대이론에 관한 설명으로 틀린 것은?

① 마샬(A. Marshall)은 일시적으로 토지와 유사한 성격을 가지는 생산요소에 귀속되는 소득을 준지대로 설명하고, 단기적으로 공급량이 일정한 생산요소에 지급되는 소득으로 보았다.
② 준지대는 단기에 공급이 고정된 생산요소(기계나 설비)에 대한 대가로, 공급이 제한된 단기에 나타나는 성격이다.
③ 경제지대는 어떤 생산요소가 다른 용도로 전용되지 않고 현재의 용도에 그대로 사용되도록 지급하는 최소한의 지급액이다.

90. 도시공간구조이론에 관한 설명으로 옳지 않은 것은? (평가사 32회)

① 동심원이론은 도시 공간 구조의 형성을 침입, 경쟁, 천이과정으로 설명하였다.
② 동심원이론에 따르면 중심지에서 멀어질수록 지대 및 인구 밀도가 낮아진다.
③ 선형이론에서의 점이지대는 중심업무지구에 직장 및 생활 터전이 있어 중심업무지구에 근접하여 거주하는 지대를 말한다.
④ 선형이론에 따르면 도시 공간 구조의 성장 및 분화가 주요 교통노선을 따라 부채꼴 모양으로 확대된다.
⑤ 다핵심이론에 따르면 하나의 중심이 아니라 몇 개의 분리된 중심이 점진적으로 통합됨에 따라 전체적인 도시 공간 구조가 형성된다.

공업입지이론

1. **베버**의 **최소비용이론**
   1) **베버**는 제품 생산에 드는 **비용이 최소인 지점**이 공장의 최적 입지이다.
   2) 산업입지에 영향을 주는 요인에는 수송비, 노동비, 집적이익이 있으며, 그중 **수송비**가 가장 중요하다.
2. **뢰쉬**의 **최대수요이론**
   1) **뢰쉬**는 **수요** 측면에서 기업은 **시장 확대 가능성**이 가장 높은 지점에 입지해야 한다.

크리스탈러의 중심지이론

1. **중심지 생성 조건** : **최소**요구치 < 재화의 도달 범위
   1) **최소요구치** 범위 : **최소**한의 **수요(고객)** 범위
   2) **재화의 도달 범위** : 중심지 기능이 미치는 한계 거리
2. **중심지 계층** 1) **고차**중심지 : 수는 **적고**, 간격은 넓다.
   2) **저차**중심지 : 수는 **많고**, 간격은 **좁다**.

A 정답 ② / ③

91. 베버(A. Weber)**의 최소비용이론에 관한 설명으로 틀린 것은?** (중개사 34회)

① 최소비용지점은 최소운송비 지점, 최소노동비 지점, 집적이익이 발생하는 구역을 종합적으로 고려해서 결정한다.

② 등비용선(isodapane)은 최소운송비 지점으로부터 기업이 입지를 바꿀 경우, 운송비와 노동비가 동일한 지점을 연결한 곡선을 의미한다.

③ 원료지수(material index)가 1보다 큰 공장은 원료지향적 입지를 선호한다.

④ 제품 중량이 국지원료 중량보다 큰 제품을 생산하는 공장은 시장지향적 입지를 선호한다.

⑤ 운송비는 원료와 제품의 무게, 원료와 제품이 수송되는 거리에 의해 결정된다.

92. 크리스탈러(W. Christaller)**의 중심지이론에 관한 설명으로 옳은 것은?** (중개사 34회)

① 최소요구범위 - 중심지 기능이 유지되기 위한 최소한의 수요 요구 규모

② 최소요구치 - 중심지로부터 어느 기능에 대한 수요가 0이 되는 곳까지의 거리

③ 배후지 - 중심지에 의해 재화와 서비스를 제공받는 주변지역

④ 도달범위 - 판매자가 정상이윤을 얻을 만큼의 충분한 소비자들을 포함하는 경계까지의 거리

⑤ 중심지 재화 및 서비스 - 배후지에서 중심지로 제공되는 재화 및 서비스

상업입지이론

1. **레일리**의 **소매인력법칙**
   1) 유인력은 **인구**에 **비례**하고 **거리 제곱**에 **반비례**한다.

2. **허프**의 **확률 모형**
   1) **소비자의 구매형태**가 상권형성에 영향을 준다.
   2) 상점의 **시장점유율**을 간편하게 추계할 수 있다.
   3) **다양한 요소**들이 출제되면 : 허프가 정답

3. **컨버스**의 분기점
   1) **상권의 경계**(**분기점**)를 확인할 수 있는 모형

4. **넬슨**의 **소매입지이론**
   1) **특정 점포**가 최대 매출액을 얻기 위해 **어떤 장소에 입지**하여야 하는지를 제시(넬슨의 8원칙)

A 정답 ②③

93. 상업입지와 관련하여 학자와 이론의 연결이 틀린 것은?

① 레일리 - 소매인력법칙 : 두 중심지가 소비자에게 미치는 영향력의 크기는 두 중심지의 크기에 비례하고 거리의 제곱에 반비례한다고 보았다.

② 레일리 - 소매인력법칙 : 경쟁관계에 있는 두 소매시장 간 상권의 경계지점을 확인할 수 있도록 소매중력모형을 수정하였다.

③ 레일리 - 소매인력법칙 : 소비자들의 특정 상점의 구매를 설명할 때 실측거리, 시간거리, 매장규모와 같은 공간요인과 함께 효용이라는 비공간요인도 고려하였다.

④ 크리스탈러 - 중심지이론 : 공간적 중심지 규모의 크기에 따라 상권의 규모가 달라진다는 것을 실증하였다.

⑤ 크리스탈러 - 중심지이론 : 재화와 서비스에 따라 중심지가 계층화되며 서로 다른 크기의 도달범위와 최소요구범위를 가진다고 보았다.

⑥ 넬슨 - 소매입지이론 : 특정 점포가 최대 이익을 얻을 수 있는 매출액을 확보하기 위해서는 어떤 장소에 입지하여야 하는지를 제시하였다.

ME
MO

2부 : 범위를 줄여서 달달~ 한다!

●● 유량과 저량

1. **유량** : **일정기간**을 설정하고 양을 측정
   1) 소득
   2) 임대료 수입, 지대수입, 연간이자비용, 순영업소득
   3) 수요량, 공급량, 거래량 등
      (참고 : 수출, 수입, 소비, 투자)
2. **저량** : **일정시점**을 설정하고 양을 측정
   1) **가격**
   2) **자산**, 순자산 **가치**, 도시인구 규모, 주택 **재고량** 등
      (참고 : 통화량, 자본량, 부채, 외환보유고)

●● 수요량의 변화와 수요의 변화

1. **수요량의 변화**
   1) 원인 : **가격**
   2) 형태 : 수요곡선 **내부**에서의 **점의 이동**
2. **수요의 변화**
   1) 원인 : **가격 이외의 요인**
   2) 형태 : 수요곡선 **자체의 이동**

A 정답 ③(㉡㉣㉥㉧) / ⑤

94. 다음 중 유량(flow)의 경제변수는 모두 몇 개인가?

㉠ 주택재고	㉡ 건물 임대료 수입
㉢ 가계의 자산	㉣ 근로자의 임금
㉤ 도시인구 규모	㉥ 신규 주택공급량
㉦ 통화량, 자본총량	㉧ 가계 소비

① 2개 ② 3개 ③ 4개 ④ 5개 ⑤ 6개

95. 아파트 매매시장에서 수요량의 변화와 수요의 변화에 관한 설명으로 틀린 것은?

① 아파트 가격이 하락하여 아파트 수요량이 변화하였다면, 이는 수요량의 변화이다.
② 아파트 가격이 하락하면 수요량의 변화로 아파트 수요곡선상의 이동이 나타난다.
③ 아파트 담보대출 금리가 하락하면 수요의 변화로 수요곡선 자체가 우측 또는 좌측으로 이동하게 된다.
④ 소비자의 소득이 변화하여 종전과 동일한 가격수준에서 아파트 수요곡선이 이동하였다면, 이는 수요의 변화이다.
⑤ 아파트 가격하락에 대한 기대는 아파트 수요곡선상의 변화를 초래한다.

96. 부동산의 수요와 공급에 대한 설명으로 틀린 것은?

① 수요는 소비자가 실제로 구입한 수량을 의미하는 것이 아니라, 의도된 수량을 의미하는 사전적 수량 또는 계획된 수량이다.
② 수요량은 주어진 가격에서 소비자들이 구입하고자 하는 최대 수량이다.
③ 공급량은 주어진 가격수준에서 공급자가 실제로 매도한 최대 수량이다.
④ 수요곡선과 공급곡선이 일치하는 지점의 가격과 거래량을 균형가격, 균형거래량이라고 한다.
⑤ 가격이 상승하면 공급량이 증가한다.
⑥ 가격이 상승하면 수요량은 감소한다.

97. 대체관계와 보완관계에 관한 설명으로 틀린 것은?

① 아파트와 대체관계에 있는 빌라의 가격이 상승하면, 아파트의 수요는 증가한다.
② 아파트와 대체관계에 있는 빌라의 가격이 상승하면, 아파트의 가격은 상승한다.
③ 아파트와 대체관계에 있는 빌라의 수요가 증가하면, 아파트의 수요는 감소한다.
④ 아파트와 보완관계에 있는 주택의 가격이 상승하면, 아파트의 수요는 증가한다.
⑤ 아파트와 보완관계에 있는 주택의 가격이 상승하면, 아파트의 가격은 하락한다.

98. 주의해야 할 지문 (요령 파악)

① 아파트 취득세가 인상되면 (   ) 아파트 가격은 하락한다.
② 건설종사자들의 임금상승은 (   ) 부동산 가격을 상승시킨다.

경제론의 기본 개념

1. **수요(량)**
   1) **일정기간** 주어진 가격에서 소비자가 **사고자 하는** 최대 수량
   2) **특징** : **유량** 개념, **계획**된(사전적) 수량, **유효**수요
   3) **수요곡선** : **우하향** 하는 수요곡선

2. **공급(량)**
   1) **일정기간** 주어진 가격에서 공급자가 **팔고자 하는** 최대 수량
   2) **특징** : **유량** 개념, **계획**된(사전적) 수량
   3) **공급곡선** : **우상향** 하는 공급곡선

대체관계, 보완관계 문제 해결 요령

1. **가격**으로 **시작**하는지를 확인한다.
   1) **대체관계** : 따라서
   2) **보완관계** : 반대로

2. 시험은 대체관계가 대부분 출제된다.
   : 대체관계는 **선택**의 문제임을 이해.

A 정답 ③ / ④ / 정답 생략

●● 수요의 증가 · 감소 / 공급의 증가 · 감소

1. **BOX 형태**의 문제
   1) **가격의 변화 삭제**한다.
   2) 땡큐 : 증가 / 노땡큐 : 감소

●● BOX 문제의 구조

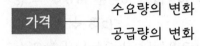

가격
- 수요량의 변화
- 공급량의 변화

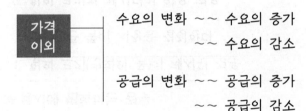

가격 이외
- 수요의 변화 ~~ 수요의 증가
  ~~ 수요의 감소
- 공급의 변화 ~~ 공급의 증가
  ~~ 공급의 감소

Ⓐ 정답 ⑤ / ②③④

99. 아파트 시장의 수요를 감소시키는 요인을 모두 고르시오.

① 아파트의 가격 상승
② 건설노동자 임금 상승
③ 수요자의 실질소득 증가
④ 아파트 가격상승의 기대
⑤ 대체주택의 가격 하락
⑥ 시장금리 하락

100. 아파트 시장에서 아파트의 수요곡선을 우측(우상향)으로 이동시킬 수 있는 요인?
(평가사 35회)

① 아파트 가격의 하락
② 대체주택 가격의 상승
③ 총부채원리금상환비율(DSR) 규제 완화
④ 가구수 증가
⑤ 모기지 대출(mortgage loan) 금리의 상승
⑥ 수요자의 실질 소득 감소
⑦ 부채감당률(DCR) 규제 강화

●● 균형의 변화

구 분	균형가격	균형거래량
수요의 **증가**	상승	**증가**
수요의 **감소**	하락	**감소**
공급의 **증가**	하락	**증가**
공급의 **감소**	상승	**감소**

●● 동시에 변화하는 경우

1. **힘의 크기**(변화의 폭)이 **제시**된 경우
   : 힘이 **큰 쪽**이 시장을 결정한다.
2. **힘의 크기가 제시되지 않은 경우**
   1) 문제가 **가격**인지? **거래량**인지? 를 확인한다.
   2) = **알 수 없다**.
   3) = 수요와 공급의 변화폭에 의해 결정된다.

A 정답 ④ / ③

101. 최근 출제된 지문들이다. 이에 대한 설명한 것으로 틀린 것은?

① 공급은 불변이고, 수요가 증가하면 균형가격은 상승하고 균형거래량은 증가한다.
② 수요와 공급이 모두 증가하면 균형가격은 알 수 없고, 균형거래량은 증가한다.
③ 수요가 증가하면서 동시에 공급이 증가하면, 균형가격의 변화는 수요와 공급의 변화폭에 의해 결정된다.
④ 수요가 증가하면서 동시에 공급이 감소하면, 균형가격의 변화는 수요와 공급의 변화폭에 의해 결정된다.
⑤ 수요와 공급이 증가하는 경우, 수요의 증가폭이 공급의 증가폭보다 크다면 균형가격은 상승하고 균형거래량은 증가한다.

102. 최근 출제된 지문들이다. 이에 관한 설명으로 옳은 것은?

① 수요가 불변이고 공급이 증가하는 경우, 새로운 균형가격은 상승하고 균형거래량은 증가한다.
② 수요가 가격에 완전탄력적인 경우, 공급이 증가하면 균형가격은 하락하고 균형거래량은 증가한다.
③ 수요와 공급이 감소하는 경우, 수요의 감소폭과 공급의 감소폭이 같다면 균형가격은 불변이고 균형거래량은 감소한다.
④ 공급이 가격에 완전비탄력적인 경우, 수요가 감소하면 균형가격은 감소하고 균형거래량은 증가한다.
⑤ 공급의 감소가 수요의 감소보다 작은 경우, 새로운 균형가격은 상승하고 균형거래량은 감소한다.

●● 특수한 균형의 변화

1. **극단적인 탄력성**과 **균형의 변화**
   1) **완전　탄력** + 수요(공급)의 변화 : **가격** 불변
   2) **완전 비탄력** + 수요(공급)의 변화 : **거래량** 불변

2. **가격 변화**의 **폭**
   1) **탄력적**인 경우 ① 가격은 **더 적게** 변화한다.
      ② 가격 변화의 폭은 **감소**한다.
   2) **비탄력적**인 경우 ① 가격은 **더 많이** 변화한다.
      ② 가격 변화의 폭은 **증가**한다.

3. 거래량 변화의 폭 : 가격과 반대

Ⓐ 정답 ② / ④

103. 공급의 가격탄력성에 따른 수요의 변화에 관한 설명으로 옳은 것은? (중개사 23회)

① 공급이 가격에 대해 완전탄력적인 경우, 수요가 증가하면 균형가격은 상승하고 균형거래량은 감소한다.
② 공급이 가격에 대해 완전탄력적인 경우, 수요가 증가하면 균형가격은 변하지 않고 균형거래량만 증가한다.
③ 공급이 가격에 대해 완전비탄력적인 경우, 수요가 증가하면 균형가격은 하락하고 균형거래량은 변하지 않는다.
④ 공급이 가격에 대해 완전비탄력적인 경우, 수요가 증가하면 균형가격은 상승하고 균형거래량도 증가한다.
⑤ 공급이 가격에 대해 완전비탄력적인 경우, 수요가 증가하면 균형가격은 변하지 않고 균형거래량만 증가한다.

104. 수요와 공급의 탄력성에 관한 설명 중 틀린 것은?

① 수요가 증가할 때 공급의 가격탄력성이 탄력적일수록, 가격은 더 적게 상승한다.
② 공급이 증가할 때 수요의 가격탄력성이 비탄력적일수록, 가격은 더 많이 하락한다.
③ 부동산 수요가 증가할 때 공급이 탄력적일수록 부동산 가격은 덜 상승한다.
④ 부동산 수요가 증가할 때 부동산 공급이 탄력적일수록 부동산 가격상승의 폭은 증가한다.
⑤ 부동산 수요가 증가할 때 부동산 공급곡선이 비탄력적일수록 부동산 가격은 더 크게 상승한다.

탄력성의 이해

1. **탄력성** : **량의 변화**를 측정하는 지표
   1) **탄력적** : **량**의 **변화**가 **많다.**
   2) **비탄력적** : **량**의 **변화**가 **적다.**

탄력성을 결정하는 요인

1. 수요가 **보다 탄력적**이다.
   1) **대체재가 많을수록**
   2) 측정기간이 **장기**일수록
   3) **시장**을 **세분**할수록, **분류 범위**가 **좁**을수록
   4) **용도전환이 용이할수록**
2. 공급이 **보다 탄력적**이다.
   1) **생산**에 **유리**한 상황일수록
   2) 측정기간이 **장기**일수록
   3) **생산에 소요되는 기간**이 **짧을**수록
   4) **생산비가 하락**할수록, **용도전환이 용이**할수록

Ⓐ 정답 ②⑤ / ①

105. 부동산 수요와 공급의 탄력성에 관한 설명으로 틀린 것은?

① 수요의 가격탄력성이 탄력적이라는 것은 가격의 변화율에 비해 수요량의 변화율이 많다는 것을 의미한다.
② 공급의 가격탄력성이 비탄력적이라는 것은 가격의 변화율에 비해 공급량의 변화율이 많다는 것을 의미한다.
③ 미세한 가격변화에 수요량이 무한히 크게 변화하는 경우 완전탄력적이다.
④ 물리적 토지공급량이 불변이라면 토지의 물리적 공급은 토지 가격 변화에 대해 완전비탄력적이다.
⑤ 수요의 가격탄력성이 완전탄력적이면 가격의 변화와 상관없이 수요량이 고정된다.
⑥ 수요곡선이 수직선이면 수요의 가격탄력성은 완전비탄력적이다.

106. 부동산 수요와 공급의 탄력성에 관한 설명으로 틀린 것은?

① 용도전환이 용이할수록 공급의 임대료탄력성은 더 비탄력적이다.
② 대체재가 많을수록 수요의 가격탄력성은 더 탄력적이다.
③ 부동산 수요의 가격탄력성은 단기에서 장기로 갈수록 탄력적으로 변하게 된다.
④ 단기공급의 임대료탄력성은 장기공급의 임대료탄력성보다 더 비탄력적이다.
⑤ 생산(공급)에 소요되는 기간이 길수록 공급의 임대료탄력성은 더 비탄력적이다.
⑥ 부동산의 용도전환이 용이하면 할수록 부동산 수요의 가격탄력성이 커진다.
⑦ 건축 인·허가가 어려울수록 공급의 임대료 탄력성은 더 비탄력적이다.

●● 임대사업자의 전략

1. **임대수익 증대**를 위한 기업의 가격 전략
   1) 수요가 **탄력적** + 임대료 **인하** : 임대수입 **증가**
   2) 수요가 **비탄력적** + 임대료 **인상** : 임대수입 **증가**
   3) 수요의 탄력성이 1인 경우 : 임대수입 **변화 없다.**

A 정답 ② / ⑤

107. 수요의 가격탄력성에 관한 설명으로 틀린 것은?

① 임대 수요가 탄력적일 때, 임대료가 하락하면 임대사업자의 임대수입은 증가한다.
② 수요의 가격탄력성이 1보다 큰 경우 전체수입은 임대료가 상승함에 따라 증가한다.
③ 수요가 비탄력적일 때, 임대료가 상승하면 임대사업자의 임대수입은 증가한다.
④ 수요의 가격탄력성이 비탄력적일 때, 임대료가 하락하면 임대사업자의 임대수입은 감소한다.
⑤ 수요의 임대료탄력성이 '1'(단위탄력적)이라면 임대사업자의 임대수입은 불변이다.

108. 부동산 수요의 가격탄력성에 관한 설명으로 옳지 않은 것은? (평가사 32회)

① 수요곡선 기울기의 절댓값이 클수록 수요의 가격탄력성이 작아진다.
② 임대주택 수요의 가격탄력성이 1보다 작은 경우 임대료가 상승하면 전체수입은 증가한다.
③ 대체재가 많을수록 수요의 가격탄력성이 크다.
④ 일반적으로 부동산의 용도전환 가능성이 클수록 수요의 가격탄력성이 커진다.
⑤ 수요의 가격탄력성이 비탄력적이면 가격의 변화율보다 수요량의 변화율이 더 크다.

●● 주의 : 성과측정지표

1. **수익률**(=총투자수익률)
 1) 수익 : **순영업소득**
 2) 총투자금액

2. **지분수익률**(=지분투자수익률)
 1) 지분수익 : 세전**현금수지** 또는 세후**현금수지**
 2) 지분투자금액

●● 레버리지효과

1. 의미 : **타인 자본**을 통해 **지분수익률**을 변화시키는 효과

2. 구분
 1) 타인자본 ~~ 지분수익률 **증가** : **정**(+)의 레버리지
 2) ~~ 지분수익률 **감소** : **부**(−)의 레버리지
 3) ~~ 지분수익률 **불변** : **중립**적 레버리지

3. **정(+)의 지렛대**효과 찾는 **요령**
 1) 저당수익률(**은행**)이 **적게** 가져가는지를 확인한다.
 2) 지분수익률(**내가**) **많이** 가져가는지를 확인한다.
 3) **위험**은 **증가**하는지 확인한다.

A 정답 ② / ⑥

109. 다음 중 ㉠과 ㉡에 들어갈 내용은?

• 지분투자수익률은 (㉠)를 지분투자액으로 나누어서 산정한다.
• 총투자수익률은 (㉡)을 총투자액으로 나누어서 산정한다.

① ㉠ 가능총소득 ㉡ 세전현금수지
② ㉠ 세전현금수지 ㉡ 순영업소득
③ ㉠ 세후현금수지 ㉡ 세전현금수지
④ ㉠ 유효총소득 ㉡ 순영업소득
⑤ ㉠ 유효총소득 ㉡ 영업경비

110. 지렛대효과(leverage effect)에 대한 설명으로 틀린 것은?

① 정(+)의 레버리지효과는 총자본수익률(종합수익률)이 저당수익률보다 높을 때 발생한다.
② 총자본수익률보다 지분수익률이 높다면 정(+)의 레버리지효과가 발생한 것이다.
③ 총투자수익률보다 저당수익률이 낮다면 정(+)의 레버리지효과가 발생한다.
④ 총자본수익률과 저당수익률이 동일한 경우 부채비율의 변화는 자기자본수익률에 영향을 미치지 못한다.
⑤ 부채비율이 크면 지분수익률이 커질 수 있지만, 마찬가지로 부담해야 할 위험도 커진다.
⑥ 부(−)의 레버리지효과가 발생할 경우 부채비율을 낮추어서 정(+)의 레버리지효과로 전환할 수 있다.

●● 투자 결정 이론

1. **기대수익률과 요구수익률**
   1) **기대수익률** : 투자대안으로부터 기대되는 수익률
   2) **요구수익률**
      ① 투자자가 요구하는 **최소**한의 수익률
      ② **요구수익률 = 무위험률 + 위험할증률**

2. 투자 결정 : **기대수익률** > 요구수익률

3. **평균·분산 지배 원리**
   1) **수익**이 **동일**하다면 위험이 낮은 대안을 선택
   2) **위험**이 **동일**하다면 수익이 높은 대안을 선택

A 정답 ③ / ③

111. 부동산 투자수익률에 관한 설명으로 틀린 것은?

① 기대수익률이 요구수익률보다 높을 경우 투자자는 투자가치가 있는 것으로 판단한다.
② 요구수익률은 투자에 대한 위험이 주어졌을 때, 투자자가 부동산에 대하여 자금을 투자하기 위해 충족되어야 할 최소한의 수익률을 말한다.
③ 무위험(수익)률의 상승은 투자자의 요구수익률을 하락시키는 요인이다.
④ 요구수익률은 투자에 수반되는 위험이 클수록 커진다.
⑤ 실현수익률이란 투자가 이루어지고 난 후 현실적으로 달성된 수익률로서 역사적 수익률을 의미한다.
⑥ 기대수익률이 요구수익률보다 높으면, 대상 부동산에 대하여 수요가 증가하여 기대수익률이 하락한다.
⑦ 투자자의 요구수익률은 투자자금의 기회비용을 의미한다.

112. 부동산 투자에서 위험과 수익에 관한 설명으로 옳지 않은 것은? (평가사 31회)

① 투자자의 요구수익률에는 위험할증률이 포함된다.
② 투자자가 위험기피자일 경우, 위험이 증가할수록 투자자의 요구수익률도 증가한다.
③ 투자자의 개별적인 위험혐오도에 따라 무위험률이 결정된다.
④ 체계적 위험은 분산투자에 의해 제거될 수 없다.
⑤ 위험조정할인율이란 장래 기대소득을 현재가치로 할인할 때 위험한 투자일수록 높은 할인율을 적용하는 것을 말한다.

투자의 위험

1. **의미** : 예상했던 경과와 실제 실현된 결과가 **달라질 가능성**

2. 위험의 **종류** : **사**(시, **운**, 위**치**), **금**, **법**, **인**, **유**

3. **수익과 위험의 관계** 1) **비례** 관계, **정**(+)의 상관관계
   2) (=**상충** 관계, **상쇄** 관계)

4. **위험의 측정** : 통계학의 **분산** 또는 **표준편차**

위험을 관리하는 방법

1. **보수적 예측방법**
   1) **수익**(기대수익률)은 가능한 **낮게 추정**,
   2) **비용**은 가능한 **높게 추정**

2. **위험조정할인율법**
   1) 위험할수록 **보다 높은 할인율**을 적용한다.
   2) 위험할수록 **보다 높은 요구수익률**을 적용한다.

3. **민감도**(감응도) 분석 1) **원인** ~~~ **결과** 분석
   2) 민감도가 **클수록** 보다 위험

A 정답 ③ / ④

113. 부동산 투자와 위험에 관한 설명으로 옳은 것은? (평가사 34회)

① 상업용 부동산 투자는 일반적으로 다른 상품에 비하여 초기투자비용이 많이 들며 투자비용의 회수기간이 길지만 경기침체에 민감하지 않아 투자위험이 낮다.

② 시장위험이란 부동산이 위치한 입지여건의 변화 때문에 발생하는 위험으로서, 부동산 시장의 수요·공급과 관련된 상황의 변화와 관련되어 있다.

③ 사업위험이란 부동산 사업 자체에서 발생하는 수익성 변동의 위험을 말하며 시장위험, 입지위험, 관리·운영위험 등이 있다.

④ 법·제도적 위험에는 소유권위험, 정부정책위험, 정치적 위험, 불가항력적 위험, 유동성 위험이 있다.

⑤ 위험과 수익 간에는 부(−)의 관계가 성립한다.

114. 부동산 투자의 위험분석에 관한 설명으로 틀린 것은?

① 표준편차가 작을수록 투자에 수반되는 위험은 커진다.

② 위험회피형 투자자는 변이계수(변동계수)가 작은 투자안을 더 선호한다.

③ 보수적 예측방법은 투자수익의 추계치를 하향 조정함으로써, 미래에 발생할 수 있는 위험을 상당수 제거할 수 있다는 가정에 근거를 두고 있다.

④ 위험조정할인율을 적용하는 방법으로 장래 기대되는 소득을 현재가치로 환산하는 경우, 위험한 투자일수록 낮은 할인율을 적용한다.

⑤ 민감도분석은 투자효과를 분석하는 모형의 투입요소가 변화함에 따라, 그 결과치에 어떠한 영향을 주는가를 분석하는 기법이다.

포트폴리오 논점

1. **모든 위험을 제거할 수 있는가**?
   : **비체계적 위험**만을 **감소**시킨다.

2. **자산의 구성**은?
   1) 서로 **다른 자산**끼리 묶는다.
      ① **수익률**의 **변화 방향**이 서로 **상반**되는 자산끼리 묶는다.
      ② 상관계수가 작은 자산끼리 묶는다.
   2) 수익률의 **상관계수** : "−1 ~ +1"
      ① 상관계수 '+1' : 효과 없다.
      ② 상관계수 '−1' : 위험 분산 효과가 극대화

3. **최적 포트폴리오**는?
   : **효율적 전선**과 **무차별 곡선**이 접하는 지점

4. **효율적 전선**
   1) **평균분산지배원리**로 결정된 포트폴리오
   2) **우상향**하는 이유 : 수익과 위험의 **비례**관계

Ⓐ 정답 ①⑤ / ①④

115. 포트폴리오이론에 관한 설명으로 틀린 것은?

① 분산투자효과는 포트폴리오를 구성하는 투자자산 종목의 수를 늘릴수록 체계적 위험이 감소되어 포트폴리오 전체의 위험이 감소되는 것이다.
② 포트폴리오전략에서 구성자산 간에 수익률이 반대 방향으로 움직일 경우 위험감소의 효과가 크다.
③ 효율적 프런티어(효율적 전선)란 평균−분산 지배원리에 의해 모든 위험수준에서 최대의 기대수익률을 얻을 수 있는 포트폴리오의 집합을 말한다.
④ 효율적 프런티어(효율적 전선)의 우상향에 대한 의미는 투자자가 높은 수익률을 얻기 위해 많은 위험을 감수하는 것이다.
⑤ 경기침체, 인플레이션 심화는 비체계적 위험으로 포트폴리오에 의해 감소시킬 수 있다.

116. 포트폴리오이론에 대한 설명으로 틀린 것은?

① 포트폴리오에 편입되는 자산의 수가 늘어날수록 체계적 위험이 감소되는 것을 포트폴리오 효과라고 한다.
② 포트폴리오에 포함된 개별자산 간 수익률의 상관계수가 '+1'이라면 분산투자효과는 없다.
③ 포트폴리오 전략에서 구성자산 간에 수익률이 반대 방향으로 움직일 경우 위험감소의 효과가 크다.
④ 투자 대안별 수익률 변동이 유사한 추세를 보일 것으로 예측되는 부동산에 분산 투자하는 것이 좋다.
⑤ 효율적 전선을 구성하는 포트폴리오는 동일한 위험에서 최고의 수익률을, 동일한 수익률에서 최소의 위험을 가진 포트폴리오를 의미한다.

117. **화폐의 시간가치에 관한 설명으로 틀린 것은?**

① 현재 5억원인 주택이 매년 5%씩 가격이 상승한다고 가정할 때, 10년 후의 주택가격은 일시불의 미래가치계수를 사용하여 계산할 수 있다.

② 매월 말 100만원씩 10년간 들어올 것으로 예상되는 임대료 수입의 현재가치를 계산하려면, 연금의 현재가치계수를 활용한다.

③ 10년 후에 1억원이 될 것으로 예상되는 토지의 현재가치를 계산할 경우, 일시불의 현재가치계수를 사용한다.

④ 은행으로부터 원금균등분할상환 방식의 주택구입자금을 대출한 가구가 매기 상환할 원리금을 산정하는 경우에는 저당상수를 사용한다.

⑤ 10년 후 주택 자금 5억원을 만들기 위해서 매기 적립해야 할 액수는 감채기금계수를 활용하여 구할 수 있다.

⑥ 연금의 현재가치계수와 저당상수는 역수관계이다.

●● 6계수의 활용과 관계

1. **6계수의 활용**

1) 미래가치계수 ① **일시불**의 **내가** 계수
② **연금**의 **내가** 계수

2) 현재가치계수 ① **일시불**의 **현가** 계수
② **연금**의 **현가** 계수

3) 응용계수
① **저당상수** : **매기 원리금 상환액**
② **기금계수** : 목표금액을 만들기 위한 **매기 적립액**

2. **6계수의 관계**

1) 연금의 현가계수 **역수** 저당상수
2) 연금의 내가계수 **역수** 감채기금계수

A 정답 ④

118. **화폐의 시간가치에 관한 설명으로 옳은 것을 모두 고른 것은?** (중개사 30회)

㉠ 은행으로부터 주택구입자금을 대출한 가구가 매월 상환할 금액을 산정하는 경우 감채기금계수를 사용한다. ㉡ 연금의 현재가치계수와 저당상수는 역수관계이다. ㉢ 연금의 미래가치란 매 기간마다 일정 금액을 불입해 나갈 때, 미래의 일정시점에서의 원금과 이자의 총액을 말한다. ㉣ 일시불의 현재가치계수는 할인율이 상승할수록 작아진다.

① ㉠ ② ㉡, ㉢ ③ ㉠, ㉡, ㉣
④ ㉡, ㉢, ㉣ ⑤ ㉠, ㉡, ㉢, ㉣

주의해야 할 지문

1. 할인율(요구수익률)이 상승할수록 현재가치는 작아진다.
2. 요구수익률이 상승할수록 현금흐름의 현재**가치**는 **작아진다**.
3. 요구수익률이 상승할수록 부동산 **가치**는 **작아진다**.

119. **화폐의 시간가치 계산에 관한 설명으로 옳은 것은?** (중개사 32회)

① 현재 10억원인 아파트가 매년 2%씩 가격이 상승한다고 가정할 때, 5년 후 아파트 가격을 산정하는 경우 연금의 미래가치계수를 사용한다.
② 원리금균등상환방식으로 담보대출을 받은 가구가 매월 상환할 금액을 산정하는 경우, 일시불의 현재가치계수를 사용한다.
③ 연금의 현재가치계수에 감채기금계수를 곱하면 일시불의 현재가치계수이다.
(※ **버리는 지문**. 따라서 다른 곳에서 정답이 없으니 요것이 정답)
④ 임대기간 동안 월임대료를 모두 적립할 경우, 이 금액의 현재시점 가치를 산정한다면 감채기금계수를 사용한다.
⑤ 나대지에 투자하여 5년 후 8억원에 매각하고 싶은 투자자는 현재 이 나대지의 구입금액을 산정하는 경우, 저당상수를 사용한다.

요령

1. **앞 문장**에서는 **일시불**인지, **연금**인지를 구분
2. **뒤 문장**에서는 **현재가치**인지, **미래가치**인지를 구분

Ⓐ 정답 ④ / ③

투자의 현금흐름 분석

1. 보유기간 현금흐름

1) 임대단위수 × 단위당 임대료 = 가능총소득

2) 가능 − **공실 · 불량부채** + 기타소득 = 유효총소득

3) 유효 − **영업경비** = **순**영업소득

4) 순 − **부채서비스액**(원+이자) = **세전**현금수지

5) 세전 − **영업소득세** = **세후**현금수지

2. 기간말 현금흐름

1) 매도가격 − **매도경비** = **순**매도소득

2) 순 − **미상환저당잔금** = **세전**지분복귀액

3) 세전 − **양도소득세** = **세후**지분복귀액

양도소득세 = 자본이득세

A 정답 ③ / ③

120. 부동산 운영수지분석에 관한 설명으로 틀린 것은? (중개사 28회)

① 가능총소득은 단위면적당 추정 임대료에 임대면적을 곱하여 구한 소득이다.

② 유효총소득은 가능총소득에서 공실손실상당액과 불량부채액(충당금)을 차감하고, 기타 수입을 더하여 구한 소득이다.

③ 순영업소득은 유효총소득에 각종 영업외수입을 더한 소득으로 부동산 운영을 통해 순수하게 귀속되는 영업소득이다.

④ 세전현금흐름은 순영업소득에서 부채서비스액을 차감한 소득이다.

⑤ 세후현금흐름은 세전현금흐름에서 영업소득세를 차감한 소득이다.

121. 부동산 투자의 현금흐름추정에 관한 설명으로 틀린 것은? (중개사 30회)

① 순영업소득은 유효총소득에서 영업경비를 차감한 소득을 말한다.

② 영업경비는 부동산 운영과 직접 관련 있는 경비로, 광고비, 전기세, 수선비가 이에 해당된다.

③ 세전현금흐름은 지분투자자에게 귀속되는 세전소득을 말하는 것으로, 순영업소득에 부채서비스액(원리금상환액)을 가산한 소득이다.

④ 세전지분복귀액은 자산의 순매각금액에서 미상환 저당잔액을 차감하여 지분투자자의 몫으로 되돌아오는 금액을 말한다.

⑤ 부동산 투자에 대한 대가는 보유시 대상 부동산의 운영으로부터 나오는 소득이득과 처분시의 자본이득의 형태로 나타난다.

3. **영업경비 포함 여부**

1) 포함 : **재산세**, 화재보험료, 전기 · 가스 · 수도료 등

2) 제외 : **공실, 부채서비스액, 영업소득세, 개인적 업무비**

4. **영업소득세 계산**

(**순** + **대** − **이**자비용 − 감가**상**각비) × 세율 = 영업소득세

1) 이자비용과 감가상각비는 세금산정시 **비용**으로 **인정**된다.

2) 이자비용과 감가상각비는 **절세효과**가 있다.

A 정답 ③ / ②

122. 제시된 항목 중 순영업소득을 산정하기 위해 필요한 항목은 모두 몇 개인가?

• 단위당 임대료	• 영업소득세
• 원리금상환액	• 유지 · 수선비
• 공실률	• 임대주택 재산세

① 2개 ② 3개 ③ 4개 ④ 5개 ⑤ 6개

123. 부동산 투자분석의 현금흐름 계산에서 (가) 순영업소득과 (나) 세전지분복귀액을 산정하는 데 각각 필요한 항목을 모두 고른 것은? (중개사 29회)

㉠ 기타 소득	㉡ 매도비용
㉢ 취득세	㉣ 미상환저당잔금
㉤ 재산세	㉥ 양도소득세

① (가) − ㉢ (나) − ㉣
② (가) − ㉠, ㉤ (나) − ㉡, ㉣
③ (가) − ㉠, ㉤ (나) − ㉡, ㉥
④ (가) − ㉠, ㉢, ㉤ (나) − ㉡, ㉥
⑤ (가) − ㉠, ㉢, ㉤ (나) − ㉡, ㉣, ㉥

할인법(화폐의 시간가치를 고려하는 방법)

> 1. **순현가법**
>   1) **순현가** : 수익 현가 − 비용현가
>   2) 적용 : **순현가 > 0**
> 2. **수익성지수법**
>   1) **수익성지수** : 수익 현가 ÷ 비용 현가
>   2) 적용 : **수익성지수 > 1**
> 3. **내부수익률법**
>   1) **내부수익률** : '**순현가=0, 수익성지수=1**'이 되는 할인율
>   2) 적용 : **내부수익률 > 요구수익률**
> 4. **현가**회수기간법

재투자율

1. 내부수익률법 : 내부**수익률**
2. 순현가법 : 요구수익률

A 정답 ① / ③

124. 부동산 투자의 할인현금흐름기법(DCF)과 관련된 설명으로 옳은 것은?

① 할인현금흐름기법이란 부동산 투자로부터 발생하는 현금흐름을 일정한 할인율로 할인하는 투자의사결정 기법이다.

② 순현재가치(NPV)는 투자자의 내부수익률로 할인한 현금유입의 현가에서 현금유출의 현가를 뺀 값이다.

③ 수익성지수(PI)는 투자로 인해 발생하는 현금유입의 현가에 대한 현금유출의 현가 비율이다.

④ 내부수익률(IRR)은 투자로부터 발생하는 미래 현금흐름의 순현재가치를 1로 만드는 할인율을 말한다.

⑤ 내부수익률법은 투자안의 내부수익률(IRR)을 기대수익률과 비교하여 투자를 결정하는 방법이다.

125. 부동산 투자분석기법에 관한 설명으로 옳은 것을 모두 고른 것은? (평가사 32회)

> ㉠ 현금유출의 현가합이 4천만원이고 현금유입의 현가합이 5천만원이라면, 수익성지수는 0.8이다.
> ㉡ 내부수익률은 투자로부터 발생하는 현재와 미래 현금흐름의 순현재가치를 1로 만드는 할인율을 말한다.
> ㉢ 재투자율로 내부수익률법에서는 요구수익률을 사용하지만, 순현재가치법에서는 시장이자율을 사용한다.
> ㉣ 내부수익률법, 순현재가치법, 수익성지수법은 할인현금흐름기법에 해당한다.
> ㉤ 내부수익률법에서는 내부수익률과 요구수익률을 비교하여 투자 여부를 결정한다.

① ㉠, ㉣　② ㉡, ㉢　③ ㉣, ㉤
④ ㉠, ㉡, ㉤　⑤ ㉢, ㉣, ㉤

승수값의 의미

1. **승수값**은 **투자금액**의 크기를 의미한다.
2. 승수값이 크다면, 투자금액이 크다는 것을 의미한다.

가치가산의 원리

1. 순현가 : 10억(A안) + 5억(B안) = 15억(A+B)
2. 수익률 : 10%(A안) + 5%(B안) ≠ 15%(A+B)

순현가법의 우월성

1. 순현가법이 보다 합리적이다.
2. 내부수익률은 존재하지 않거나 복수가 될 수 있다.

A 정답 ⑤ / ⑤

126. 부동산 투자분석기법에 관한 설명으로 옳은 것은? (중개사 32회)

① 부동산 투자분석기법 중 화폐의 시간가치를 고려한 방법에는 순현재가치법, 내부수익률법, 회계적 이익률법이 있다.

② 내부수익률이란 순현가를 '1'로 만드는 할인율이고, 기대수익률은 순현가를 '0'으로 만드는 할인율이다.

③ 어림셈법 중 순소득승수법의 경우 승수값이 작을수록 자본회수기간이 길어진다.

④ 순현가법에서는 재투자율로 시장수익률을 사용하고, 내부수익률법에서는 요구수익률을 사용한다.

⑤ 내부수익률법에서는 내부수익률이 요구수익률보다 작은 경우 해당 투자안을 선택하지 않는다.

127. 부동산 투자분석기법에 관한 설명으로 옳은 것은? (평가사 33회)

① 투자 규모가 상이한 투자안에서 수익성지수(PI)가 큰 투자안이 순현재가치(NPV)도 크다.

② 서로 다른 투자안 A, B를 결합한 새로운 투자안의 내부수익률(IRR)은 A의 내부수익률과 B의 내부수익률을 합한 값이다.

③ 순현재가치법과 수익성지수법에서는 화폐의 시간가치를 고려하지 않는다.

④ 투자안마다 단일의 내부수익률만 대응된다.

⑤ 수익성지수가 1보다 크면 순현재가치는 0보다 크다.

비할인법 – 수익률과 승수

1. **수익률** : $\frac{\text{수익}}{\text{투자금액}}$

2. **승수** : $\frac{\text{투자금액}}{\text{수익}}$

3. **회계적 이익률**법 : 이익률이 가장 **큰 대안** 선택

4. **회수기간**법 : 회수기간이 가장 **짧은 대안** 선택

비할인법 – 다양한 재무비율

1. **부채감당률** = $\frac{\text{순영업소득}}{\text{부채서비스액}}$

2. **채무불이행률** = $\frac{\text{영업경비} + \text{부채서비스액}}{\text{유효총소득}}$

3. **총자산회전율** = $\frac{\text{총소득}}{\text{총자산}}$

4. **부채비율** = $\frac{\text{부채}}{\text{자기자본}}$

A 정답 ③ / ③

128. 투자의 타당성 분석에 관한 설명으로 틀린 것은?

① 회수기간은 투자금액을 회수하는 데 걸리는 기간을 말하며, 회수기간법에서는 투자대안 중에서 회수기간이 가장 단기인 투자대안을 선택한다.

② 회계적 이익률법에서는 투자안의 이익률이 목표이익률보다 높은 투자안 중에서 이익률이 가장 높은 투자안을 선택하는 것이 합리적이다.

③ 다른 조건이 일정하다면, 승수가 클수록 보다 좋은 투자대안으로 평가된다.

④ 다른 조건이 일정하다면, 승수가 큰 투자대안일수록 자본회수기간은 길어진다.

129. 투자타당성 평가에 관한 설명으로 틀린 것은?

① '부채감당률'이 1보다 크다는 것은 순영업소득이 대출의 원리금을 상환하고도 잔여액이 있음을 의미한다.

② '대부비율'은 부동산 가격에서 대출금액이 차지하는 비율이다.

③ '부채비율'은 부채에 대한 자기자본의 비율이다.

④ 대부비율이 50%라면, 부채비율은 100%이다.

⑤ '총자산회전율'은 투자된 총자산에 대한 총소득의 비율이며, 총소득으로 가능총소득 또는 유효총소득이 사용된다.

⑥ '채무불이행률'은 유효총소득이 영업경비와 부채서비스액을 감당할 수 있는 능력이 있는지를 측정하는 비율이며, 채무불이행률을 손익분기율이라고도 한다.

●● 부동산 가치 이론

1. **가치(value)와 가격(price)의 구별**

1) **가치** : 장래 기대되는 이익의 현재가치의 합

① **주관적** · 추상적 개념

② **현재**의 값

③ **다양**한 가치 존재

2) **가격** : 시장에서 재화가 실제로 거래된 금액

① **객관적** · 구체적 개념

② **과거**의 값

③ 특정 시점에 **하나**만 존재

Ⓐ 정답 ④ / ①

130. 부동산 가치와 가격에 관한 설명 중 틀린 것은?

① 가치는 주관적 · 추상적인 개념이고, 가격은 객관적 · 구체적인 개념이다.

② 가치가 상승하면 가격도 상승하고, 가치가 하락하면 가격도 하락한다.

③ 가치는 일정시점에 여러 가지로 존재하지만, 가격은 일정시점에 하나만 존재한다.

④ 가치는 장래 기대 이익으로 추계되는 미래의 값이고, 가격은 실제 거래된 금액으로 과거의 값이다.

⑤ 부동산의 가치는 장래 기대되는 유 · 무형의 편익을 현재가치로 환원한 값인데, 편익에는 금전적인 편익과 비금전적인 편익을 모두 포함한다.

131. 부동산 가치에 관한 설명으로 옳지 않은 것은? (중개사 23회)

① 사용가치는 대상 부동산이 시장에서 매도되었을 때 형성될 수 있는 교환가치와 유사한 개념이다.

② 투자가치는 투자자가 대상 부동산에 대해 갖는 주관적인 가치의 개념이다.

③ 보험가치는 보험금의 산정과 보상에 대한 기준으로 사용되는 가치의 개념이다.

④ 과세가치는 정부에서 소득세나 재산세를 부과하는 데 사용되는 기준이 된다.

⑤ 공익가치는 어떤 부동산의 보존이나 보전과 같은 공공목적의 비경제적 이용에 따른 가치를 의미한다.

가치발생요인과 가치형성요인

1. 가치발생요인

1) **효용** : 인간의 욕구를 만족시켜 주는 **재화의 능력**
2) **상대적 희소성** : 욕구에 비해 **량이 부족한 상황**
3) **유효수요** : **구매력**(지불능력)이 있는 수요
4) 권리의 법적인 **이전 가능성**(일부 학자가 추가)

2. 가치형성요인

: **경제적 가치**에 영향을 미치는 일반요인, 지역요인, 개별요인

A 정답 ④ / × / ⑤

132. 부동산 가치발생요인에 관한 설명으로 틀린 것은?

① 효용은 인간의 필요나 욕구를 만족시켜 줄 수 있는 재화의 능력을 의미한다.
② 대상 부동산의 물리적 특성뿐 아니라 공법상의 제한 및 소유권의 법적 특성도 대상의 효용에 영향을 미친다.
③ 상대적 희소성이란 인간의 욕구에 비해 재화의 양이 상대적으로 부족한 상태이다.
④ 유효수요란 대상 부동산을 구매하고자 하는 욕구로, 지불능력(구매력)을 필요로 하는 것은 아니다.
⑤ 일부 학자는 가치발생요인으로 이전성을 추가하기도 하는데, 이전성은 법률적 측면에서의 가치발생요인이다.

133. 가치형성요인?

① 가치형성요인이란 대상 물건의 시장가치에 영향을 미치는 일반요인, 지역요인 및 개별요인 등을 말한다. (○, ×)

134. 부동산 가치의 발생요인에 관한 설명으로 옳지 않은 것은? (평가사 31회)

① 유효수요는 구입의사와 지불능력을 가지고 있는 수요이다.
② 효용(유용성)은 인간의 필요나 욕구를 만족시킬 수 있는 재화의 능력이다.
③ 효용(유용성)은 부동산의 용도에 따라 주거지는 쾌적성, 상업지는 수익성, 공업지는 생산성으로 표현할 수 있다.
④ 부동산은 용도적 관점에서 대체성이 인정되고 있기 때문에 절대적 희소성이 아닌 상대적 희소성을 가지고 있다.
⑤ 이전성은 법률적인 측면이 아닌 경제적인 측면에서의 가치발생요인이다.

지역분석과 개별분석

1. 지역분석

1) **지역요인**을 분석하여 **표준적 이용**과 **가격수준**을 판정
2) 근거 : **부동성**(지리적 위치의 고정성)
3) 관련 개념 : **적합**의 원칙, **경제적** 감가
4) 특징 : **거시적** 분석, 광역적 분석

2. 개별분석

1) **개별요인**을 분석하여 **최유효이용**과 구체적 **가격**을 판정
2) 근거 : **개별성**
3) 관련 개념 : **균형**의 원칙, **기능적** 감가
4) 특징 : **미시적** 분석, 국지적 분석
: ~~ 인근지역과 유사지역을 **포함**하는 지역

3. 지역분석의 대상 지역

1) **인근지역**
: **대상**이 **속한** 지역, ~~ **지역요인**을 공유하는 지역
2) **유사지역**
: **인근지역**과 **유사**한 특성을 가지고 있는 지역
3) **동일수급권**
: ~~ 인근지역과 유사지역을 **포함**하는 지역

Ⓐ 정답 ② / ③

135. 감정평가과정상 지역분석과 개별분석에 관한 설명으로 틀린 것은?

① 해당 지역 내 부동산의 표준적 이용과 가격수준 파악을 위해 지역분석이 필요하다.
② 지역분석은 대상 부동산에 대한 미시적 · 국지적 분석인 데 비하여, 개별분석은 대상지역에 대한 거시적 · 광역적 분석이다.
③ 인근지역이란 대상 부동산이 속한 지역으로서 부동산의 이용이 동질적이고 가치형성요인 중 지역요인을 공유하는 지역을 말한다.
④ 동일수급권이란 대상 부동산과 대체 · 경쟁관계가 성립하고 가치 형성에 서로 영향을 미치는 관계에 있는 다른 부동산이 존재하는 권역을 말하며, 인근지역과 유사지역을 포함한다.
⑤ 대상 부동산의 최유효이용을 판정하기 위해 개별분석이 필요하다.

136. 지역분석과 개별분석에 관한 설명으로 옳은 것은? (평가사 30회)

① 지역분석은 일반적으로 개별분석에 선행하여 행하는 것으로 그 지역 내의 최유효이용을 판정하는 것이다.
② 인근지역이란 대상 부동산이 속한 지역으로 부동산의 이용이 동질적이고 가치형성요인 중 개별요인을 공유하는 지역이다.
③ 유사지역이란 대상 부동산이 속하지 아니하는 지역으로서 인근지역과 유사한 특성을 갖는 지역이다.
④ 개별분석이란 지역분석의 결과로 얻어진 정보를 기준으로 대상 부동산의 가격을 표준화 · 일반화시키는 작업을 말한다.
⑤ 지역분석시에는 균형의 원칙에, 개별분석시에는 적합의 원칙에 더 유의하여야 한다.

부동산가격원칙

1. 변동의 원칙

1) 부동산 **가격**은 끊임없이 **변동**한다.

2) 활용 : **기준시점 확정**

2. (외부) 적합의 원칙

1) 부동산 효용이 최고가 되기 위해서는 **외부 환경**과 **적합**해야 한다.

2) 활용 : **지역분석, 경제적 감가**

3. (내부) 균형의 원칙

1) 부동산 효용이 최고가 되기 위해서는 **내부 구성 요소**에 **균형**이 있어야 한다.

2) 활용 : **개별분석, 기능적 감가**

4. 대체의 원칙

1) 부동산의 가격은 **유사부동산**으로부터 **영향을 받는다**.

2) 활용 : **거래사례비교법**의 근거

5. 기여의 원칙

1) 부동산의 가격은 **기여도**에 의해 결정된다.

2) 활용 : **추가투자의 적정성**을 판단하는 기준

Ⓐ 정답 ⑤ / ④

137. 부동산가격원칙에 관한 설명으로 틀린 것은?

① 적합의 원칙이란 부동산의 유용성이 최고도로 발휘되기 위해서는 부동산이 외부환경에 접합하여야 한다는 원칙이다.

② 적합의 원칙은 부동산의 입지와 인근환경의 영향을 고려한다.

③ 적합의 원칙은 지역분석을 하는 경우에 활용된다.

④ 균형의 원칙이란 부동산의 유용성이 최고도로 발휘되기 위해서는 부동산 구성요소의 결합에 균형이 있어야 한다는 원칙이다.

⑤ 균형의 원칙을 적용하는 경우에 균형을 이루지 못하는 과잉부분은 원가법을 적용할 때 경제적 감가로 처리한다.

138. 부동산 평가에서 부동산 가격의 원칙에 관한 설명으로 틀린 것은? (평가사 35회)

① 부동산의 가격이 대체・경쟁관계에 있는 유사한 부동산의 영향을 받아 형성되는 것은 대체의 원칙에 해당된다.

② 부동산의 가격이 경쟁을 통해 초과이윤이 없어지고 적합한 가격이 형성되는 것은 경쟁의 원칙에 해당된다.

③ 부동산의 가격이 부동산을 구성하고 있는 각 요소가 기여하는 정도에 영향을 받아 형성되는 것은 기여의 원칙에 해당된다.

④ 부동산의 가격이 내부적인 요인에 의하여 긍정적 또는 부정적 영향을 받아 형성되는 것은 적합의 원칙에 해당된다.

⑤ 부동산 가격의 제원칙은 최유효이용의 원칙을 상위원칙으로 하나의 체계를 형성하고 있다.

감정평가의 원칙

1. **기준시점 기준** 원칙
   1) **기준시점** : 감정평가액 결정의 기준이 되는 **날짜**
   2) **기준시점**은 대상 물건의 **가격조사를 완료한 날짜**로 한다. 다만, 기준시점을 미리 정하였을 때에는 그 날짜에 **가격조사**가 가능한 경우에만 기준시점으로 할 수 있다.

2. **시장가치 기준** 원칙
   1) 기준가치 : 감정평가액 결정의 기준이 되는 **가치**
   2) 감정평가는 **시장가치**를 기준으로 한다.
   3) **시장가치**란 (정의가 겁나게 길다)
      통상적인 시장 ~~~ 성립될 **가능성**이 가장 높은 가액

3. **현황 기준** 원칙
   1) **기준시점 당시**의 이용상황을 **있는 그대로** 반영
   2) **공법상 제한**을 **받는 상태**를 기준으로 평가

4. **개별물건** 기준 원칙

5. **개별물건** 기준 예외
   1) **일괄**평가 : **둘 이상의 물건** ~~ **일괄**하여 평가할 수 있다.
   2) **구분**평가 : **하나의 물건** ~~ **구분**하여 평가할 수 있다.
   3) **부분**평가 : 일체로 이용되고 있는 물건의 **일부분**

A 정답 ② / ④

139. 감정평가에 관한 규칙에 규정된 내용이 아닌 것은? (중개사 27회)

① 감정평가법인등은 감정평가 의뢰인이 요청하는 경우에는 대상 물건의 감정평가액을 시장가치 외의 가치를 기준으로 결정할 수 있다.
② 시장가치란 한정된 시장에서 성립될 가능성이 있는 대상 물건의 최고가액을 말한다.
③ 감정평가는 기준시점에서의 대상 물건의 이용상황(불법적이거나 일시적인 이용은 제외한다) 및 공법상 제한을 받는 상태를 기준으로 한다.
④ 둘 이상의 대상 물건이 일체로 거래되거나 대상 물건 상호간에 용도상 불가분의 관계가 있는 경우에는 일괄하여 감정평가할 수 있다.
⑤ 하나의 대상 물건이라도 가치를 달리하는 부분은 이를 구분하여 감정평가할 수 있다.

140. 감정평가에 관한 규칙상 가치에 관한 설명으로 옳지 않은 것은? (평가사 30회)

① 대상 물건에 대한 감정평가액은 시장가치를 기준으로 결정하는 것을 원칙으로 한다.
② 법령에 다른 규정이 있는 경우에는 시장가치 외의 가치를 기준으로 감정평가할 수 있다.
③ 대상 물건의 특성에 비추어 사회통념상 필요하다고 인정되는 경우에는 시장가치 외의 가치를 기준으로 감정평가할 수 있다.
④ 시장가치란 대상 물건이 통상적인 시장에서 충분한 기간 방매된 후 매수인에 의해 제시된 것 중에서 가장 높은 가격을 말한다.
⑤ 감정평가 의뢰인이 요청하여 시장가치 외의 가치로 감정평가하는 경우에는 해당 시장가치 외의 가치의 성격과 특징을 검토하여야 한다.

●● 가액을 구하는 3가지 방식

> 1. **거래사례비교법**
> 1) **대상 물건과** 가치형성요인이 같거나 **비슷한** 물건의 **거래사례**와 **비교**하여 대상 물건의 현황에 맞게 **사정보정,** 시점수정, 가치형성요인 비교 등의 과정을 거쳐 대상 물건의 **가액**을 산정하는 방법이다.
> 2) 거래금액 × **사정보정** × **시점수정** × **지** × **개** = 비준가액

> 2. **원가법**
> 1) 대상 물건의 **재조달원가**에 **감가수정**을 하여 대상 물건의 **가액**을 산정하는 방법을 말한다.
> 2) 재조달원가 − 감가수정 = 적산가액

> 3. **수익환원법**
> 1) 대상 물건이 **장래** 산출할 것으로 기대되는 **순수익**이나 **미래**의 **현금흐름**을 **환원**하거나 **할인**하여 대상 물건의 가액을 산정하는 방법을 말한다.
> 2) 직접환원법 : 순수익/환원율

A 정답 ④ / ㉠ 감가수정, ㉡ 사정보정, ㉢ 할인

141. 감정평가에 관한 규칙상 (　　) 안에 들어갈 내용으로 옳은 것은? (중개사 29회)

> • 원가방식 : 원가법 및 적산법 등 (㉠)의 원리에 기초한 감정평가방식
> • 비교방식 : 거래사례비교법, 임대사례비교법 등 시장성의 원리에 기초한 감정평가방식 및 (㉡)
> • (㉢) : 수익환원법 및 수익분석법 등 수익성의 원리에 기초한 감정평가방식

① ㉠ 비용성　㉡ 공시지가비교법　㉢ 수익방식
② ㉠ 비교성　㉡ 공시지가비교법　㉢ 환원방식
③ ㉠ 비용성　㉡ 공시지가비교법　㉢ 환원방식
④ ㉠ 비용성　㉡ 공시지가기준법　㉢ 수익방식
⑤ ㉠ 비교성　㉡ 공시지가기준법　㉢ 수익방식

142. (　　) 안에 들어갈 내용으로 알맞은 것을 쓰시오. (중개사 26회)

> • **원가법**은 대상 물건의 재조달원가에 (㉠)을 하여 대상 물건의 가액을 산정하는 감정평가방법이다.
> • **거래사례비교법**을 적용할 때 (㉡), 시점수정, 가치형성요인 비교 등의 과정을 거친다.
> • **수익환원법**에서는 장래 산출할 것으로 기대되는 순수익이나 미래의 현금흐름을 환원하거나 (㉢)하여 가액을 산정한다.

㉠ __________, ㉡ __________, ㉢ __________

4. **공시지가기준법**
1) 비교표준지 선정 : 인근지역, 동일수급권 내 유사지역
※ **사정보정의 과정은 없다.**
2) 시점수정 : **지가변동률, 생산자물가상승률**
3) 지역요인 비교, 개별요인 비교
4) 그 밖의 요인 보정

●● 임대료를 구하는 3가지 방식

1. **임대사례비교법**

2. **적산법**
1) 대상 물건의 **기초가액**에 **기대이율**을 곱하여 산정된 기대수익에 대상 물건을 계속하여 임대하는 데에 필요한 **경비**를 **더하여** 대상 물건의 **임대료**를 산정하는 방법을 말한다.
2) 기초가액 × 기대이율 + 필요제경비 = 적산임료

3. **수익분석법**
1) 일반 기업 경영에 의하여 산출된 총수익을 분석하여 대상 물건이 일정한 기간에 산출할 것으로 기대되는 **순수익**에 대상 물건을 계속하여 임대하는 데에 필요한 **경비**를 **더하여** 대상 물건의 임대료를 산정하는 방법을 말한다.
2) **순수익** + 필요제경비 = 수익임료

A 정답 ⑤ / ①

143. 감정평가에 관한 규칙에 의거하여 공시지가기준법으로 토지를 감정평가하는 경우 필요 항목을 순서대로 나열한 것은? (중개사 25회)

㉠ 비교표준지 선정　㉡ 감가수정
㉢ 감가상각　㉣ 사정보정
㉤ 시점수정　㉥ 지역요인 비교
㉦ 개별요인 비교　㉧ 면적요인 비교
㉨ 그 밖의 요인보정

① ㉠ − ㉡ − ㉥ − ㉦ − ㉨　② ㉠ − ㉢ − ㉥ − ㉦ − ㉨
③ ㉠ − ㉣ − ㉤ − ㉥ − ㉨　④ ㉠ − ㉣ − ㉦ − ㉧ − ㉨
⑤ ㉠ − ㉤ − ㉥ − ㉦ − ㉨

144. 임대료 감정평가방법이다. (　) 안에 들어갈 내용으로 옳은 것은? (중개사 27회)

- 적산법 : 적산임료 = 기초가액 × (㉠) + 필요제경비
- 임대사례비교법 : (㉡) = 임대사례의 임대료 × 사정보정치 × 시점수정치 × 지역요인 비교치 × 개별요인 비교치
- (㉢) : 수익임료 = 순수익 + 필요제경비

① ㉠ 기대이율　㉡ 비준임료　㉢ 수익분석법
② ㉠ 환원이율　㉡ 지불임료　㉢ 수익분석법
③ ㉠ 환원이율　㉡ 지불임료　㉢ 수익환원법
④ ㉠ 기대이율　㉡ 비준임료　㉢ 수익환원법
⑤ ㉠ 환원이율　㉡ 실질임료　㉢ 수익환원법

물건별 주된 감정평가

1. 토지 : **공시지가** 기준 / 건물 : **원가**법
2. 토지와 건물, **구분소유권** : 거래사례비교법
3. 산림 1) 산지와 입목을 **구분**하여 평가
   2) 입목은 **거래사례비교법**, 소경목림은 **원가법**
4. 임대료 : **임대사례비교법**
5. 자동차 : **거래사례비교법**
6. 건설기계, 선박, 항공기 : **원가법**
7. 영**업**권 등 권리, 기**업**가치, 광**업**재단 : **수**익환원법

감정평가 절차

1. **기**본적 사항의 확정
   1) 의뢰인, 대상물건, 수수료 및 실비
   2) 평가 **목**적, 평가 **조**건, 기준**시**점, 기준**가치**
2. **처**리계획 수립
3. **대**상물건 확인
4. **자**료수집 및 정리
5. 자료검토 및 가치형성요인의 분석
6. 감정평가방법의 선정 및 적용
7. 감정평가액의 결정 및 표시

A 정답 ①② / ②(㉠㉢㉤)

145. 감정평가에 관한 규칙상 물건별 주된 감정평가방법으로 틀린 것은?

① 토지를 감정평가할 때에 거래사례비교법을 적용하여야 한다.
② 감정평가법인등은 영업권, 특허권, 실용신안권, 디자인권, 상표권, 저작권, 전용측선이용권, 그 밖의 무형자산을 감정평가할 때에 거래사례비교법을 적용하여야 한다.
③ 감정평가법인등은 구분소유권의 대상이 되는 건물부분과 그 대지사용권을 일괄하여 감정평가하는 경우 거래사례비교법을 적용하여야 한다.
④ 감정평가법인등은 임대료를 감정평가할 때에 임대사례비교법을 적용하여야 한다.
⑤ 산림을 감정평가할 때에 산지와 입목을 구분하여 감정평가하여야 한다.
⑥ 자동차의 주된 평가방법과 선박·항공기의 주된 평가방법은 다르다.
⑦ 감정평가법인등은 동산을 감정평가할 때에는 거래사례비교법을 적용하여야 한다. 다만, 본래 용도의 효용가치가 없는 물건은 해체처분가액으로 감정평가할 수 있다.

146. 감정평가에 관한 규칙상 대상 물건별로 정한 주된 감정평가방법이 수익환원법인 대상물건은 모두 몇 개인가?

㉠ 상표권	㉡ 임대료
㉢ 광업재단	㉣ 과수원
㉤ 기업가치	㉥ 자동차
㉦ 선박, 항공기	㉧ 건물

① 2개 ② 3개 ③ 4개 ④ 5개 ⑤ 6개

●● 토지가격공시제도

1. **표준지공시지가**
 1) **결정주체** : 국토교통부장관
 2) 공시기준일 : 1월 1일(원칙)
 3) 공시사항 ① 지번, 단위면적당 적정가격
  ② 면, 상 / 표, 주, 리 / 지, 용, 도
 4) **효력** : 지, 일, 국, 감
 5) 이의신청 : 30일 이내, 서면으로, 국토교통부장관에게

2. **개별공시지가**
 1) **결정주체** : 시장·군수·구청장
 2) 공시기준일 : 1월 1일(원칙)
 3) 공시사항
 4) **효력** : 조세·부담금 산정의 기준
 5) 이의신청 : 30일 이내, 서면으로, 시장·군수·구청장에게

A 정답 ① / 모두 옳음

147. 부동산가격공시에 관한 법률상 표준지공시지가의 효력으로 옳은 것을 모두 고른 것은? (중개사 29회)

㉠ 토지시장에 지가정보를 제공
㉡ 일반적인 토지거래의 지표
㉢ 국가·지방자치단체 등이 과세 등의 업무와 관련하여 주택의 가격을 산정하는 경우에 기준
㉣ 감정평가법인등이 지가변동률을 산정하는 경우에 기준

① ㉠, ㉡ ② ㉠, ㉣ ③ ㉡, ㉢
④ ㉠, ㉢, ㉣ ⑤ ㉠, ㉡, ㉢, ㉣

148. 개별공시지가에 대한 법조문 중 매년 나오는 지문입니다. 틀린 것은?

① 표준지로 선정된 토지, 조세 또는 부담금 등의 부과대상이 아닌 토지, 그 밖에 대통령령으로 정하는 토지에 대하여는 개별공시지가를 결정·공시하지 아니할 수 있다.
② 이 경우 표준지로 선정된 토지에 대하여는 해당 토지의 표준지공시지가를 개별공시지가로 본다.
③ 시장·군수 또는 구청장은 공시기준일 이후에 분할·합병이 발생한 토지에 대하여는 대통령령이 정하는 날(7월 1일 또는 내년 1월 1일)을 기준으로 하여 개별공시지가를 결정·공시하여야 한다.
④ 시장·군수 또는 구청장이 개별공시지가를 결정·공시하는 경우에는 해당 토지와 유사한 이용가치를 지닌다고 인정되는 하나 또는 둘 이상의 표준지의 공시지가를 기준으로 토지가격비준표를 사용하여 지가를 산정하되, 해당 토지의 가격과 표준지공시지가가 균형을 유지하도록 하여야 한다.

주택가격공시제도

1. **단독주택** 가격공시
   1) **표준주택가격**
      ① 결정주체 : **국토교통부장관**
      ② 공시사항 ㉠ 지번, 주택의 가격
      ㉡ **면, 상 / 용, 연, 구, 사 / 지, 용, 도**
      ③ 효력 : **개별**주택가격 **산정**의 기준
   2) **개별주택가격**
      ① 결정주체 : **시장 · 군수 · 구청장**

2. **공동주택**가격
   1) 결정주체 : 국토교통부장관

A 정답 ①②④ / ⑤

149. 부동산가격공시에 대한 설명으로 틀린 것은?

① 표준주택은 단독주택과 공동주택 중에서 각각 대표성 있는 주택을 선정한다.

② 표준주택을 선정할 때에는 일반적으로 유사하다고 인정되는 일단의 단독주택 및 공동주택에서 해당 일단의 주택을 대표할 수 있는 주택을 선정하여야 한다.

③ 시장 · 군수 또는 구청장이 개별주택가격을 산정하는 경우에는 주택가격비준표를 활용한다.

④ 시장 · 군수 또는 구청장은 일단의 공동주택 중에서 선정한 표준주택에 대하여 매년 공시기준일 현재의 적정가격을 조사 · 평가한다.

⑤ 표준주택으로 선정된 단독주택, 국세 또는 지방세 부과대상이 아닌 단독주택에 대하여는 개별주택가격을 결정 · 공시하지 아니할 수 있다.

150. 부동산가격공시에 관한 법률에 규정된 내용으로 틀린 것은? (중개사 32회)

① 국토교통부장관은 표준주택가격을 조사 · 산정하고자 할 때에는 한국부동산원에 의뢰한다.

② 표준주택가격은 국가 · 지방자치단체 등이 그 업무와 관련하여 개별주택가격을 산정하는 경우에 그 기준이 된다.

③ 표준주택으로 선정된 단독주택, 그 밖에 대통령령으로 정하는 단독주택에 대하여는 개별주택가격을 결정 · 공시하지 아니할 수 있다.

④ 개별주택가격 및 공동주택가격은 주택시장의 가격정보를 제공하고, 국가 · 지방자치단체 등이 과세 등의 업무와 관련하여 주택의 가격을 산정하는 경우에 그 기준으로 활용될 수 있다.

⑤ 개별주택가격 및 공동주택가격에 이의가 있는 자는 그 결정 · 공시일부터 30일 이내에 서면으로 시장 · 군수 또는 구청장에게 이의를 신청할 수 있다.

3부 : 계산문제는 전략적으로 선택한다!

●● 경제론 : 탄력성

앞부분에 **출제**되는 문제입니다.
선택한 유형만 달달~~ 하시자구요.

151. Ⓐ 정답 ①

(1.8% 감소) **수요의 가격탄력성** = 0.9
(2% 상승)

(2% 증가) **수요의 소득탄력성** = 0.5
(4% 증가)

152. Ⓐ 정답 ⑤

(3% 감소) **수요의 가격탄력성** = 0.6
(5% 상승)

(2% 감소) **수요의 소득탄력성** = 0.4
(5% 감소)

(1% 증가) **수요의 교차탄력성** = 0.2
(빌라 가격 5% 상승)

151. 아파트에 대한 수요의 가격탄력성과 소득탄력성이 각각 0.9와 0.5이다. 아파트 가격이 2% 상승하고 소득이 4% 증가할 경우, 아파트 수요량의 전체 변화율(%)은? (단, 아파트는 정상재이고, 가격탄력성은 절댓값으로 나타내며, 다른 조건은 동일함)

① 0.2% ② 1.4% ③ 1.8% ④ 2.5% ⑤ 3.8%

152. 아파트 수요의 가격탄력성은 0.6, 소득탄력성은 0.4이고, 빌라 가격에 대한 교차탄력성은 0.2이다. 아파트 가격과 빌라 가격이 모두 5% 상승하고, 수요자의 소득이 5% 감소하였다면, 아파트 전체 수요량의 변화율은? (단, 부동산은 모두 정상재이고 서로 대체재이며, 아파트에 대한 수요의 가격탄력성은 절댓값으로 나타내며, 다른 조건은 동일함)

① 2.2% 감소 ② 2.8% 증가 ③ 3.4% 감소
④ 3.6% 증가 ⑤ 4.0% 감소

153. 아파트 가격이 10% 상승할 때, 아파트 수요량이 5% 감소하고 오피스텔 수요량이 8% 증가하였다. 다음 물음에 답하시오.

- (A) 아파트 수요의 가격탄력성
- (B) 아파트 가격에 대한 오피스텔 수요의 교차탄력성
- (C) 아파트에 대한 오피스텔의 관계

① A : 비탄력적, B : 0.5, C : 대체재
② A : 탄력적, B : 0.5, C : 보완재
③ A : 비탄력적, B : 0.8, C : 대체재
④ A : 탄력적, B : 0.8, C : 보완재
⑤ A : 비탄력적, B : 1.0, C : 대체재

153. **A** 정답 ③

(A) ∥ −5% / +10% ∥ = 0.5(비탄력적)

(B) +8% / +10% = 0.8

(C) 따라서 = 대체관계

●● 투자론 : 할인법

할인법, 비할인법은 어려워 보이나 유형이 정해져 있습니다. 할 만합니다.

154. Ⓐ 정답 ②

1. 수익의 현가 : 2,000만 × 0.95 + 2,500만 × 0.9 = 4,150만
2. 비용의 현가 : 1,000만 × 0.95 + 1,500만 × 0.9 = 2,300만
3. 순현가 : 4,150만 − 2,300만 = 1,850만원
4. 수익성지수 : 4,150만 ÷ 2,300만 = 1.8

154. 다음은 투자사업의 향후 2년간의 현금흐름이다. 투자사업의 순현재가치(NPV)와 수익성지수(PI)는?

• 모든 현금의 유입과 유출은 매년 말에만 발생 • 현금유입은 1년차 2,000만원, 2년차 2,500만원 • 현금유출은 1년차 1,000만원, 2년차 1,500만원 • 1년 후 일시불의 현가계수 0.95 • 2년 후 일시불의 현가계수 0.90

	순현가	수익성지수
①	1,720만원	1.73
②	1,850만원	1.80
③	2,100만원	1.73
④	1,850만원	1.50
⑤	1,720만원	1.62

●● 투자론 : 비할인법

제시된 **두 문제**의 **차이**를 구별할 수 있어야 한다.
최근의 추세는 현금흐름을 분석해야만 합니다.

155. Ⓐ 정답 ④

1. 부채비율 : 부채(4억) / 자기자본(6억) = 2 / 3 = 66.6%
2. 유효총소득 : 투자금액(10억) / 유효(?) = 5
3. 세전현금수지승수 : 지분투자금액(6억) / 세전(6,000만) = 10
4. 자본환원율 : 순(1억) / 투자금액(10억) = 10%
5. 부채감당률 : 순(1억) / 부채서비스액(4,000만) = 2.5

156. Ⓐ 정답 ①

1. 현금흐름분석
   1) 유효총소득 : 2.5억
   2) 순영업소득 : 1.5억
   3) 세전현금수지 : 90,000,000원
   4) 세후현금수지 : 80,000,000원
2. 풀이
   ① 순소득승수 : 투자금액(15억) / 순(1.5억)
   ② 채무불이행률 : [영(1억) + 부서(6천만)] / 유효(2.5억)
   ③ 세후현금흐름승수 : 지분투자액(4억) / 세후(8천만)

155. 다음 자료를 통해 산정한 값으로 틀린 것은?

- 총투자액 : 10억원
- 지분투자액 : 6억원
- 세전현금수지 : 6,000만원/년
- 부채서비스액 : 4,000만원/년
- 유효총소득승수 : 5

① 부채비율 : 66.6%
② 유효총소득 : 2억원
③ 세전현금수지승수 : 10
④ 자본환원율 : 8%
⑤ 부채감당률 : 2.5

156. 순소득승수, 채무불이행률, 세후현금흐름승수를 순서대로 나열한 것은?

- 총투자액 : 15억원
- 지분투자액 : 4억원
- 유효총소득승수 : 6
- 영업경비비율(유효총소득 기준) : 40%
- 부채서비스액 : 6천만원/년
- 영업소득세 : 1천만원/년

① 10, 64%, 5　　② 10, 64%, 5.5　　③ 10, 65%, 5.5
④ 11, 65%, 6　　⑤ 11, 66%, 6

●● 금융론 : 대출금액

나올 시기가 된 주제입니다. **그러니** 나오면 **무조건 맞추어 주셔야 해요**!!

157. Ⓐ 정답 ③

1. LTV 기준 : 3.6억
2. DTI 기준 : 60,000,000 × 0.5 ÷ 0.1 = 3억
3. 둘 중 작은 금액 : 3억
4. 추가 대출 가능액 : 2.5억

158. Ⓐ 정답 ③

1. LTV 기준 : 2.5억
2. 부채감당률 기준 : 2억
   1) 8,000만(순) / 부채서비스액 = 2, 부채서비스액 = 4,000만
   2) 대출금액 : 4,000만 ÷ 0.2 = 2억
3. 둘 중 작은 금액 : 2억

157. 50,000,000원의 기존 주택담보대출이 있는 甲은 A은행에서 추가로 주택담보대출을 받고자 한다. 甲이 추가로 대출 가능한 최대금액은?

• 甲 소유주택의 담보평가가격 : 600,000,000원 • 甲의 연간 소득 : 60,000,000원 • 연간 저당상수 : 0.1 • 대출승인기준 　– 담보인정비율(LTV) : 60% 　– 소득대비 부채비율(DTI) : 50% • 두 가지 대출승인기준을 모두 충족시켜야 함

① 150,000,000원　② 200,000,000원　③ 250,000,000원
④ 280,000,000원　⑤ 310,000,000원

158. 시장가격이 5억원이고 순영업소득이 연 8,000만원인 상가를 보유하고 있는 A가 받을 수 있는 최대 대출가능 금액은?

• 연간 저당상수 : 0.2 • 대출승인조건(모두 충족하여야 함) 　– 담보인정비율(LTV) : 시장가격기준 50% 이하 　– 부채감당률(DCR) : 2 이상

① 1억원　② 1억 5천만원　③ 2억원
④ 2억 5천만원　⑤ 3억원

●● 금융론 : 상환의 흐름 1

원리금 균등 상환 방식의 요령
원금 상환분이 매기 대출금리만큼 **증가**한다.

159. Ⓐ 정답 ②

	1기	2기	3기
1. 원금+이자	34,800,000	34,800,000	34,800,000
2. 이자	24,000,000		22,665,120
3. 원금	10,800,000	11,448,000	12,134,880

×1.06 ×1.06

160. Ⓐ 정답 ③

	1기	2기
1. 원금+이자	17,400,000	17,400,000
2. 이자	(12,000,000)	
3. 원금	5,400,000	

159. A씨는 8억원의 아파트를 구입하기 위해 은행으로부터 4억원을 대출받았다. 은행의 대출조건이 다음과 같을 때, A씨가 2회차에 상환할 원금과 3회차에 납부할 이자액을 순서대로 나열한 것은?

- 대출금리 : 고정금리, 연 6%
- 대출기간 : 20년
- 저당상수 : 0.087
- 원리금상환조건 : **원리금균등**상환방식, 연 단위 매기간 말 상환

① 10,800,000원, 23,352,000원
② 11,448,000원, 22,665,120원
③ 11,448,000원, 23,352,000원
④ 12,134,880원, 22,665,120원
⑤ 12,134,880원, 23,352,000원

160. A씨는 8억원의 아파트를 구입하기 위해 은행으로부터 2억원을 대출받았다. 은행의 대출조건이 다음과 같을 때, A씨의 대출금리는 얼마인가?

- 대출금리 : 고정금리, 연 (?)
- 대출기간 : 20년
- 저당상수 : 0.087
- 1회차 원금상환분 : 540만원
- 원리금상환조건 : 원리금균등상환방식, 연 단위 매기간 말 상환

① 3% ② 3.5% ③ 6% ④ 6.5% ⑤ 7%

●● 금융론 : 상환의 흐름 2

원금 균등 상환 방식의 요령
이자지급액은 매기 일정금액이 **감소**한다.

161. Ⓐ 정답 ②

	1기	2기	3기	4기
1. 원금	1,000만	1,000만		1,000만
2. 이자	1,000만	950만		850만
3. 원금+이자	2,000만	1,950만		

※ 이자는 매기 50만(= 1,000만 × 5%)씩 감소한다.

161. A씨는 주택을 구입하기 위해 은행으로부터 2억원을 대출받았다. 은행의 대출조건이 다음과 같을 때, A씨가 2회차에 상환할 원리금과 4회차에 납부할 이자액을 순서대로 나열한 것은?

- 대출금리 : 고정금리, 연 5%
- 대출기간 : 20년
- 원리금상환조건 : **원금균등**상환방식, 연 단위 매기간 말 상환

① 2,000만원, 950만원
② 1,950만원, 850만원
③ 1,950만원, 900만원
④ 1,900만원, 800만원
⑤ 1,850만원, 750만원

162. A, B도시 사이에 C도시가 위치한다. 레일리(W. Reilly)의 소매인력법칙을 적용할 경우, C도시에서 A, B도시로 구매활동에 유인되는 인구규모는? (단, C도시의 인구의 50%만이 구매자이고, A, B도시에서만 구매하는 것으로 가정하며, 주어진 조건에 한함)

- A도시 인구수 : 400,000명
- B도시 인구수 : 100,000명
- C도시 인구수 : 100,000명
- C도시와 A도시 간의 거리 : 10km
- C도시와 B도시 간의 거리 : 5km

① A : 15,000명 B : 35,000명
② A : 20,000명 B : 30,000명
③ A : 25,000명 B : 25,000명
④ A : 30,000명 B : 20,000명
⑤ A : 35,000명 B : 15,000명

●● 입지론 : 레일리와 허프 모형

작년에 너무 어렵게 출제되었습니다. **요 정도 수준**의 문제만 준비하겠습니다.

162. Ⓐ 정답 ③

1. 유인력 산정

1) A : $\frac{400,000}{10^2} = 4,000$

2) B : $\frac{100,000}{5^2} = 4,000$

2. 유인력 비율 산정

1) A : $\frac{4,000}{4,000+4,000} = 0.5(50\%)$

2) B : 50%

3. 고객의 수 : 50,000명(C도시 인구수의 50%)

거래사례비교법 : 비준가액

거래사례비교법, 공시지가기준법 둘 중 하나는 출제됩니다. 꼭! **해결**할 수 있어야 합니다.

163. Ⓐ 정답 ④

1. 단가로 계산하는 것이 유리합니다. 따라서 마지막에 면적을 고려합니다.
   1) 거래 단가(원/m^2) : 3,000,000원/m^2

2. 비준가액
   3,000,000원/m^2 × 1.04(시) × 0.95(개) × 120m^2
   = 355,680,000원

163. 다음 자료를 활용하여 거래사례비교법으로 산정한 토지의 감정평가액은?

- 대상토지 : A시 B동 150번지, 토지 120m^2 제3종일반주거지역
- 기준시점 : 2022. 4. 1.
- 거래사례의 내역
  - 소재지 및 면적 : A시 B동 123번지, 토지 100m^2
  - 용도지역 : 제3종일반주거지역
  - 거래사례가격 : 3억원
  - 거래시점 : 2022. 1. 1.
  - 거래사례의 사정보정 요인은 없음.
- 지가변동률(2022. 1. 1. ~ 2022. 4. 1.) : A시 주거지역 4% 상승함.
- 지역요인 : 대상토지는 거래사례의 인근지역에 위치함.
- 개별요인 : 대상토지는 거래사례에 비해 5% 열세함.
- 상승식으로 계산할 것

① 285,680,000원 ② 296,400,000원
③ 327,600,000원 ④ 355,680,000원
⑤ 360,400,000원

원가법 : 적산가액

> 작년에 **원가법**이 출제되었습니다.
> 따라서 기본적인 문제 2개만 연습하시기 바랍니다.

감가수정 공식

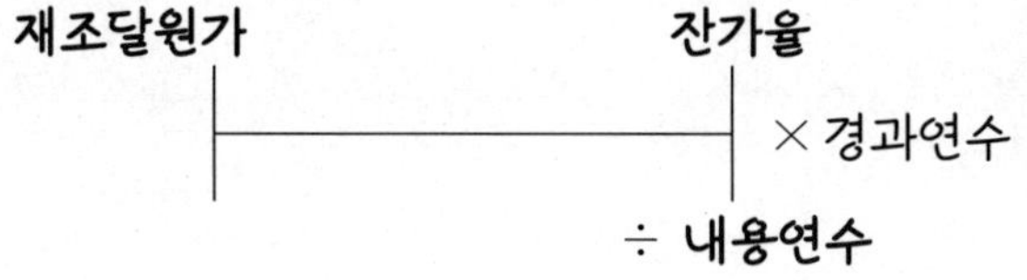

164. Ⓐ 정답 ④

1. 재조달원가 : 300,000,000 × 1.05^2 = 330,750,000원
2. 감가수정액 : $\frac{330,750,000 - 0}{50년}$ × 2년 = 13,230,000원
3. 적산가액 : 330,750,000 − 13,230,000 = 317,520,000원

165. Ⓐ 정답 ②

1. 준공시점 건축비 : 2억원
2. 재조달원가 : 2억 × 1.1 = 2.2억
3. 감가수정 : $\frac{220,000,000 - 10\%}{50년}$ × 10년 = 39,600,000원
4. 적산가액 : 180,400,000원

164. 원가법에 의한 대상물건의 적산가액은?

> • 신축에 의한 사용승인시점 : 2020. 4. 1.
> • 기준시점 : 2022. 4. 1.
> • 사용승인시점의 신축공사비 : 3억원(신축공사비는 적정함)
> • 공사비 상승률 : 매년 전년대비 5%씩 상승
> • 경제적 내용연수 : 50년
> • 감가수정방법 : 정액법
> • 내용연수 만료시 잔존가치 없음.

① 288,200,000원 ② 302,400,000원 ③ 315,000,000원
④ 317,520,000원 ⑤ 330,750,000원

165. 원가법에 의한 적산가액를 구하면 얼마인가?

> • 기준시점 : 2022. 4. 1.
> • 10년 전 준공 당시 건축비 − 직접 공사비 150,000,000원
> − 간접 공사비 30,000,000원
> − 개발업자의 이윤 20,000,000원
> • 준공시점부터 기준시점까지 건축비는 10% 상승하였다.
> • 기준시점 현재 잔존내용연수 : 40년
> • 감가수정은 내용연수법 중 정액법을 적용한다.
> • 내용연수 만료시 잔존가치율은 10%로 조사되었다.

① 180,000,000원 ② 180,400,000원 ③ 181,400,000원
④ 182,400,000원 ⑤ 200,400,000원

●● 수익환원법 : 수익가액

올해 나올 가능성이 상당히 높습니다. 가장 **기본적**인 **두 유형**을 준비해 주시어요.

166. Ⓐ 정답 ①

1. 순영업소득 : 4,500만원
2. 종합환원율 : 10%
3. 수익가액 : 4,500만 / 0.1 = 45,000만원

167. Ⓐ 정답 ④

1. 순영업소득 : 2,000만원
2. 종합환원율 : (5%×0.6)+(10%×0.4) = 7%
3. 수익가액 : 2,000만 / 0.07 = 28,571만원

166. 다음의 자료를 활용하여 직접환원법으로 산정한 대상 부동산의 수익가액은?

- 가능총소득: 6,000만원
- 공실손실상당액 및 대손충당금: 가능총소득의 10%
- 수선유지비: 400만원
- 화재보험료: 300만원
- 재산세: 200만원
- 영업소득세: 300만원
- 부채서비스액: 500만원
- 환원율: 10%

① 45,000만원　② 46,000만원　③ 47,652만원
④ 48,571만원　⑤ 49,000만원

167. 다음의 자료를 활용하여 직접환원법으로 산정한 대상 부동산의 수익가액은?

- 가능총소득 : 4,000만원
- 공실 및 대손충당금 : 가능총소득의 10%
- 운영경비 : 가능총소득의 40%
- 대상 부동산의 가치구성비율 : 토지(60%), 건물(40%)
- 토지환원율 : 5%
- 건물환원율 : 10%
- 만원 이하는 절사하여 계산한다.

① 25,730만원　② 26,000만원　③ 27,652만원
④ 28,571만원　⑤ 29,000만원

MEMO

4부 : 복습문제

본문의 문제를 하나로 모아
다시 한 번 복습할 수 있도록 하였습니다.

01 1회독 복습문제

1. **한국표준산업분류상 부동산 관리업의 분류체계 또는 세부 예시에 해당하지 않는 것은?** (중개사 28회)

① 주거용 부동산 관리
② 비주거용 부동산 관리
③ 사무용 건물 관리
④ 사업시설 유지 · 관리
⑤ 아파트 관리

2. **한국표준산업분류상 부동산 관련 서비스업에 해당하지 않는 것은?** (중개사 31회)

① 부동산 투자 자문업
② 주거용 부동산 관리업
③ 부동산 중개 및 대리업
④ 부동산 개발 및 공급업
⑤ 비주거용 부동산 관리업

3. **부동산의 개념에 대한 설명으로 틀린 것은?**

① 부동산을 법률적 · 경제적 · 기술적(물리적) 측면 등이 복합된 개념으로 이해하는 것을 부동산의 "복합개념"이라고 한다.
② 토지와 그 토지 위의 정착물이 하나의 결합된 상태로 다루어져 부동산 활동의 대상이 되는 것을 "복합 부동산"이라고 한다.
③ 부동산의 물리적(기술적, 공학적) 개념은 부동산의 유형적 측면을 의미하고, 경제적 · 법률적 측면은 부동산의 무형적 측면을 의미한다.
④ 협의의 부동산이란 민법상의 개념으로 민법 제99조 제1항에 규정된 '토지 및 정착물'을 말한다.
⑤ 물리적(기술적) 측면의 부동산은 공간, 위치, 환경, 자산 등을 의미한다.
⑥ 협의의 부동산과 등기 · 등록의 수단을 가진 동산 또는 권리를 합쳐 광의의 부동산이라고 하고, 이는 경제적 측면에서 부동산 개념을 구분한 것이다.
⑦ 「입목에 관한 법률」에 의해 소유권보존등기를 한 입목은 토지와 분리하여 양도할 수 없다.

4. **토지의 일부로 간주되는 정착물에 해당하는 것을 모두 고른 것은?** (평가사 35회)

㉠ 가식 중에 있는 수목	㉡ 경작 노력을 요하지 않는 다년생 식물
㉢ 건물	㉣ 소유권보존등기된 입목
㉤ 구거	㉥ 경작된 수확물

① ㉠, ㉥ ② ㉡, ㉤ ③ ㉢, ㉣
④ ㉣, ㉤ ⑤ ㉤, ㉥

5. 부동산의 개념에 관한 설명으로 옳지 않은 것은? (중개사 34회)

① 「민법」상 부동산은 토지 및 그 정착물이다.

② 경제적 측면의 부동산은 부동산 가치에 영향을 미치는 수익성, 수급조절, 시장정보를 포함한다.

③ 물리적 측면의 부동산에는 생산요소, 자산, 공간, 자연이 포함된다.

④ 등기·등록의 공시방법을 갖춤으로써 부동산에 준하여 취급되는 동산은 준부동산으로 간주한다.

⑤ 공간적 측면의 부동산에는 지하, 지표, 공중공간이 포함된다.

6. 부동산과 준부동산에 관한 설명으로 옳은 것은? (다툼이 있으면 판례에 따름) (평가사 29회)

① 신축 중인 건물은 사용승인이 완료되기 전에는 토지와 별개의 부동산으로 취급되지 않는다.

② 개개의 수목은 명인방법을 갖추더라도 토지와 별개의 부동산으로 취급되지 않는다.

③ 토지에 정착된 담장은 토지와 별개의 부동산으로 취급된다.

④ 자동차에 관한 압류등록은 자동차등록원부에 한다.

⑤ 총톤수 10톤 이상의 기선(機船)과 범선(帆船)은 등기가 가능하다.

7. 토지 분류에 대한 설명으로 틀린 것은?

① '나지'란 토지에 건물이나 그 밖의 정착물이 없고 지상권 등 토지의 사용·수익을 제한하는 공법상의 권리가 설정되어 있지 아니한 토지를 말한다.

② '택지'란 주거·상업·공장용지로 조성된 토지를 말한다.

③ 임지지역, 농지지역, 택지지역 등 용도지역 상호간에 용도가 변화되고 있는 지역 내의 토지는 '이행지'이다.

④ 택지지역 내에서 공업지역이 상업지역으로 용도가 전환되고 있는 토지는 '후보지'이다.

⑤ '필지'는 하나의 지번이 붙은 토지의 등기·등록의 단위이며, '획지'는 가격수준이 유사한 일단의 토지이다.

⑥ '맹지'는 타인의 토지에 둘러싸여 도로에 직접 연결되지 않은 토지를 말한다.

⑦ '소지'란 대지 등으로 개발되기 이전의 자연적 상태 그대로의 토지를 의미한다.

8. 부동산 분류에 대한 설명으로 틀린 것은?

① '포락지'는 과거에는 소유권이 인정되는 전 · 답 등이었으나, 지반이 절토되어 무너져 내린 토지로 바다나 하천으로 변한 토지를 말한다.

② '포락지'는 물에 의한 침식으로 인해 수면 아래로 잠기거나 하천으로 변한 토지를 말한다.

③ '공지'는 건물이 세워지지 않은 미이용 토지의 구획을 의미한다.

④ '공지'는 건부지 중 건물을 제외하고 남은 부분의 토지로, 건축법령에 의한 건폐율 등의 제한으로 인해 필지 내에 비어있는 토지를 말한다.

⑤ '법지'는 소유권이 인정되지 않는 바다와 육지 사이의 해변토지를 말한다.

⑥ 도로의 가장자리 경사지나 대지 사이에 있는 경사지는 소유권이 인정되더라도 활용실익이 적거나 없는 토지이다.

9. 토지의 분류 및 용어 중 특이한 용어를 묶은 것이다. 이에 관한 설명으로 틀린 것은?

① 공유지(共有地)란 1필지의 토지를 2인 이상이 공동으로 소유한 토지이다.

② 표본지는 지가의 공시를 위해 가치형성요인이 같거나 유사하다고 인정되는 일단의 토지 중에서 선정한 토지이다.

③ 일단지란 용도상 불가분의 관계에 있는 2필지 이상의 토지이다.

④ 도시개발사업에 필요한 경비에 충당하기 위해 환지로 정하지 아니한 토지를 체비지(替費地)라 한다.

⑤ 환지란 도시개발사업에서 사업 전 토지의 위치 등을 고려하여 소유자에게 재분배하는 사업 후의 토지이다.

10. 토지의 분류 및 용어에 관한 설명으로 옳은 것을 모두 고른 것은? (평가사 35회)

㉠ 획지(劃地)는 인위적, 자연적, 행정적 조건에 따라 다른 토지와 구별되는 가격수준이 비슷한 일단의 토지를 말한다. ㉡ 후보지(候補地)는 용도적 지역의 분류 중 세분된 지역 내에서 용도에 따라 전환되는 토지를 말한다. ㉢ 공지(空地)는 관련법령이 정하는 바에 따라 안전이나 양호한 생활환경을 확보하기 위해 건축하면서 남겨놓은 일정 면적의 토지를 말한다. ㉣ 갱지(更地)는 택지 등 다른 용도로 조성되기 이전 상태의 토지를 말한다.

① ㉠　② ㉣　③ ㉠, ㉢
④ ㉡, ㉣　⑤ ㉠, ㉢, ㉣

11. 부동산 특성 중 주의해야 할 내용이다. 이에 대한 설명으로 틀린 것은?

① 부동성은 토지의 지리적 위치 또는 인문적 위치가 고정되어 있음을 의미한다.

② 토지는 부증성의 특성이 있더라도, 토지의 용도적 공급(경제적 공급)은 일반적으로 가능하다.

③ 바다의 매립, 산지의 개간을 통한 농지의 확대는 부증성의 예외라고 할 수 없다.

④ 홍수 등으로 인한 토지의 유실의 경우라도 영속성의 특성은 적용된다.

⑤ 부동산 가치는 '장래 기대이익을 현재가치로 환원한 값'이라고 정의되는데, 이는 영속성의 특성에 기인한다.

⑥ 부동산 거래 정보를 수집하는 것이 쉽지 않고, 정보 수집에 많은 시간과 비용이 소요되는 근거는 개별성에 근거한다.

⑦ 개별성은 토지시장을 불완전경쟁시장으로 만드는 요인이다.

12. 부동산 특성에 대한 설명으로 틀린 것은?

① 부동성은 부동산 시장을 국지화시키는 역할을 하며, 외부효과를 발생시킨다.

② 토지가 물리적으로 연속되어 있다는 인접성은 외부효과의 근거가 된다.

③ 영속성은 부동산 활동에서 감가상각 필요성의 근거가 된다.

④ 영속성(내구성)은 미래의 수익을 가정하고 가치를 평가하는 직접환원법의 적용을 가능하게 한다.

⑤ 부동산의 이득이 소득이득과 자본이득으로 구별되는 근거는 영속성이다.

⑥ 합병 · 분할의 가능성은 토지의 이행과 전환을 가능하게 한다.

⑦ 용도의 다양성은 최유효이용의 판단근거가 된다.

13. 토지의 자연적 특성으로 인해 발생되는 부동산 활동과 현상에 관한 설명으로 옳지 않은 것은?

① 토지의 부증성은 지대 또는 지가를 발생시키며, 최유효이용의 근거가 된다.

② 분할 · 합병의 가능성은 부동산의 가치를 변화시킨다.

③ 토지의 부동성은 지방자치단체의 운영을 위한 부동산 조세 수입의 근거가 될 수 있다.

④ 부동성은 인근지역과 유사지역의 분류를 가능하게 한다.

⑤ 토지의 부증성으로 인해 이용전환을 통한 토지의 용도적 공급을 더 이상 늘릴 수 없다.

14. 토지의 특성과 감정평가에 관한 내용이다. ( )에 들어갈 것으로 옳은 것은? (평가사 35회)

- (㉠)은 부동산 가치를 장래편익의 현재가치로 평가하게 한다.
- (㉡)은 원가방식의 평가를 어렵게 한다.
- (㉢)은 개별요인의 분석과 사정보정을 필요하게 한다.

① ㉠ : 영속성, ㉡ : 부증성, ㉢ : 개별성
② ㉠ : 개별성, ㉡ : 영속성, ㉢ : 부동성
③ ㉠ : 영속성, ㉡ : 개별성, ㉢ : 부증성
④ ㉠ : 부증성, ㉡ : 영속성, ㉢ : 개별성
⑤ ㉠ : 영속성, ㉡ : 개별성, ㉢ : 부동성

15. 주택법령상 주택의 정의에 관한 설명으로 틀린 것은?

① 주택으로 쓰는 1개 동의 바닥면적 합계가 660m^{2}를 이하이고, 층수가 4개 층 이하인 주택은 다세대주택이다.
② 주택으로 쓰는 층수가 5개 층 이상인 주택은 아파트이다.
③ 준주택은 주택 외의 건축물과 그 부속토지로서 주거시설로 이용가능한 시설 등을 말한다.
④ 민영주택은 국민주택 등을 제외한 주택을 말한다.
⑤ 세대구분형 공동주택은 300세대 미만의 국민주택 규모에 해당하는 주택으로서 단지형 연립주택, 단지형 다세대주택, 소형 주택으로 분류한다.

16. 감정평가사 A가 실지조사를 통해 확인한 1개 동의 건축물 현황이 다음과 같다. 건축법령상 용도별 건축물의 종류는? (평가사 34회)

- 1층 전부를 필로티 구조로 하여 주차장으로 사용하며, 2층부터 5층까지 주택으로 사용함.
- 주택으로 쓰는 바닥면적의 합계가 1,000m^{2}임.
- 세대수 합계가 16세대로서 모든 세대에 취사시설이 설치됨.

① 아파트 ② 기숙사
③ 연립주택 ④ 다가구주택
⑤ 다세대주택

17. 공공주택 특별법령상 공공임대주택의 용어 정의로 틀린 것은?

① 공공주택이란 공공주택사업자가 국가 또는 지방자치단체의 재정이나 주택도시기금을 지원받아 건설, 매입 또는 임차하여 공급하는 주택을 말한다.
② 영구임대주택은 국가나 지방자치단체의 재정을 지원받아 최저소득 계층의 주거안정을 위하여 50년 이상 또는 영구적인 임대를 목적으로 공급하는 공공임대주택을 말한다.
③ 국민임대주택은 국가나 지방자치단체의 재정이나 주택도시기금의 자금을 지원받아 저소득 서민의 주거안정을 위하여 10년 이상 장기간 임대를 목적으로 공급하는 공공임대주택을 말한다.
④ 행복주택은 국가나 지방자치단체의 재정이나 주택도시기금의 자금을 지원받아 대학생, 사회초년생, 신혼부부 등 젊은 층의 주거안정을 목적으로 공급하는 공공임대주택을 말한다.
⑤ 분양전환공공임대주택은 일정 기간 임대 후 분양전환할 목적으로 공급하는 공공임대주택을 말한다.
⑥ 기존주택등매입임대주택은 국가나 지방자치단체의 재정이나 주택도시기금의 자금을 지원받아 기존주택 등을 매입하여 저소득층과 청년 및 신혼부부 등에게 공급하는 공공임대주택을 말한다.
⑦ 기존주택전세임대주택은 국가나 지방자치단체의 재정이나 주택도시기금의 자금을 지원받아 기존주택을 임차하여 저소득층과 청년 및 신혼부부 등에게 전대(轉貸)하는 공공임대주택을 말한다.

18. 부동산 시장에 대한 설명으로 옳은 것은?

① 부동산의 비가역성으로 인해 부동산 상품은 비표준화로 복잡·다양하게 나타난다.
② 일반상품의 시장과 달리 조직성을 갖고 지역을 확대하는 특성이 있다.
③ 거래정보의 대칭성으로 인하여 정보수집이 쉽고 은밀성이 축소된다.
④ 부동산 시장은 장기보다 단기에서 공급의 가격탄력성이 크므로 단기 수급조절이 용이하다.
⑤ 일반적으로 부동산 공급에는 상당한 시간이 소요되기 때문에 장기적으로 가격 왜곡 현상이 발생할 수 있다.
⑥ 부동산은 고가의 재화이기 때문에 자금 조달 가능성이 시장 참여에 많은 영향을 미친다.
⑦ 부동산 시장은 시장 참가자가 제한되고, 동질적인 재화가 거래된다는 점에서 불완전경쟁시장이다.

19. 부동산 시장의 특성으로 옳은 것은? (평가사 32회)

① 일반상품의 시장과 달리 조직성을 갖고 지역을 확대하는 특성이 있다.
② 토지의 인문적 특성인 지리적 위치의 고정성으로 인하여 개별화된다.
③ 매매의 단기성으로 인하여 유동성과 환금성이 우수하다.
④ 거래 정보의 대칭성으로 인하여 정보수집이 쉽고 은밀성이 축소된다.
⑤ 부동산의 개별성으로 인한 부동산 상품의 비표준화로 복잡·다양하게 된다.

20. 주거분리 및 주택여과에 관한 설명으로 옳은 것은? (평가사 33회)

① 여과과정이 원활하게 작동하면 신규주택에 대한 정부지원으로 모든 소득계층이 이득을 볼 수 있다.

② 하향여과는 고소득층 주거지역에서 주택의 개량을 통한 가치상승분이 주택개량비용보다 큰 경우에 발생한다.

③ 다른 조건이 동일할 경우 고가주택에 가까이 위치한 저가주택에는 부(−)의 외부효과가 발생한다.

④ 민간주택시장에서 불량주택이 발생하는 것은 시장실패를 의미한다.

⑤ 주거분리현상은 도시지역에서만 발생하고, 도시와 지리적으로 인접한 근린지역에서는 발생하지 않는다.

21. 주택여과에 대한 설명으로 틀린 것은?

① 저소득층 주거지역에서 주택의 보수를 통한 가치상승분이 보수비용보다 작다면 상향여과가 발생할 수 있다.

② 고소득층 주거지역에서 주택의 개량비용이 개량 후 주택가치의 상승분보다 크다면 하향여과과정이 발생하기 쉽다.

22. 주택의 여과과정과 주거분리에 관한 설명으로 틀린 것은?

① 주택의 하향여과과정이 원활하게 작동하면 저급주택의 공급량이 감소한다.

② 공가(空家)의 발생은 주택여과과정의 필수 조건이다.

③ 저소득 가구의 침입과 천이현상으로 인하여 주거입지의 변화가 야기될 수 있다.

④ 주택여과과정은 주택의 질적 변화와 가구의 이동과의 관계를 설명해 준다.

23. 부동산 시장의 효율성에 관한 설명으로 틀린 것은?

① 효율적 시장은 어떤 정보를 지체 없이 가치에 반영하는가에 따라 구분될 수 있다.

② 약성 효율적 시장은 현재의 시장가치가 과거의 추세를 충분히 반영하고 있는 시장이다.

③ 준강성 효율적 시장은 어떤 새로운 정보가 공표되는 즉시 시장가치에 반영되는 시장이다.

④ 약성 효율적 시장의 개념은 준강성 효율적 시장의 성격을 모두 포함하고 있다.

⑤ 강성 효율적 시장은 공표된 것이건 공표되지 않은 것이건 어떠한 정보도 이미 시장가치에 반영되어 있는 시장이다.

⑥ 강성 효율적 시장은 완전경쟁시장의 가정에 가장 근접하게 부합되는 시장이다.

24. 효율적 시장의 유형별 초과이윤 획득 가능성

구 분	과거 정보	현재 정보	미래 정보	정보 분석 방법
약성 효율적 시장		○	○	기본적 분석
준강성 효율적 시장			○	
강성 효율적 시장				

25. 효율적 시장과 관련된 어려운 지문을 나열한 것이다. 틀린 것은?

① 특정 투자자가 얻는 초과이윤이 이를 발생시키는 데 소요되는 정보비용보다 크면 할당(배분) 효율적 시장이 아니다.

② 약성 효율적 시장은 정보비용이 없다는 완전경쟁시장의 조건을 만족한다.

③ 부동산 시장은 주식 시장이나 일반재화 시장보다 더 불완전하지만 할당(배분) 효율성이 달성할 수 있다.

④ 할당 효율적 시장은 완전경쟁시장을 의미하며, 불완전경쟁시장은 할당 효율적 시장이 될 수 없다.

⑤ 준강성 효율적 시장의 개념은 약성 효율적 시장의 성격을 모두 포함하고 있다.

⑥ 완전경쟁시장이나 강성 효율적 시장에서는 할당 효율적인 시장만 존재한다.

26. 다음은 3가지 효율적 시장(A~C)의 유형과 관련된 내용이다. 시장별 해당되는 내용을 〈보기〉에서 모두 찾아 옳게 짝지어진 것은?

(중개사 32회)

A. 약성 효율적 시장 B. 준강성 효율적 시장 C. 강성 효율적 시장

<보기>

㉠ 과거의 정보를 분석해도 초과이윤을 얻을 수 없다.

㉡ 현재시점에 바로 공표된 정보를 분석해도 초과이윤을 얻을 수 없다.

㉢ 아직 공표되지 않은 정보를 분석해도 초과이윤을 얻을 수 없다.

① A – ㉠ B – ㉡ C – ㉢

② A – ㉠ B – ㉠, ㉡ C – ㉠, ㉡, ㉢

③ A – ㉢ B – ㉡, ㉢ C – ㉠, ㉡, ㉢

④ A – ㉠, ㉡, ㉢ B – ㉠, ㉡ C – ㉠

⑤ A – ㉠, ㉡, ㉢ B – ㉡, ㉢ C – ㉢

27. 부동산 경기에 대한 설명으로 틀린 것은?

① 부동산 경기순환은 일반경기에 비해 주기는 길고 진폭은 크며, 순환의 각 국면이 불규칙·불명확한 특징을 갖는다.
② 부동산 경기변동은 일반경기에 비해 저점이 깊고 정점이 높은 경향이 있다.
③ 상향시장은 매수자가 중시되는 시장으로 직전 국면의 거래가격은 새로운 거래가격의 상한이 되는 경향이 있다.
④ 하향국면은 매수자가 중시되고, 과거의 거래사례가격은 새로운 거래가격의 상한이 되는 경향이 있다.
⑤ 안정시장에 속하는 시장에는 도심의 위치가 좋고 규모가 적당한 주택이나 점포 등을 예로 들 수 있다.

28. 부동산 경기변동과 중개활동에 관한 설명으로 옳지 않은 것은? (평가사 28회)

① 하향시장의 경우 종전의 거래사례가격은 새로운 매매활동에 있어 가격설정의 상한선이 되는 경향이 있다.
② 상향시장에서 매도자는 가격상승을 기대하여 거래의 성립을 미루려는 반면, 매수자는 거래성립을 앞당기려 하는 경향이 있다.
③ 중개물건 의뢰의 접수와 관련하여 안정기의 경우 공인중개사는 매각의뢰와 매입의뢰의 수집이 다 같이 중요하다.
④ 실수요 증가에 의한 공급부족이 발생하는 경우 공인중개사는 매수자를 확보해두려는 경향을 보인다.
⑤ 일반적으로 부동산 경기는 일반경기에 비하여 경기의 변동폭이 큰 경향이 있다.

29. 거미집 이론에 따를 경우, 수렴형에 해당하는 부동산은 모두 몇 개인가?

- A부동산 : 수요의 가격탄력성 1.1, 공급의 가격탄력성 0.9
- B부동산 : 수요의 가격탄력성 0.8, 공급의 가격탄력성 0.6
- C부동산 : 수요의 가격탄력성 1.3, 공급의 가격탄력성 1.8
- D부동산 : 수요곡선 기울기 '−0.4', 공급곡선 기울기 '+0.6'
- E부동산 : 수요곡선 기울기 '−0.8', 공급곡선 기울기 '+0.6'
- F부동산 : 수요함수($2P = 500 - Qd$), 공급함수($4P = 400 + 4Qs$)
- G부동산 : 수요함수($P = 400 - 2Qd$), 공급함수($2P = 100 + 4Qs$)

① 1개 ② 2개 ③ 3개 ④ 4개 ⑤ 5개

30. 거미집 모형에 관한 설명으로 옳은 것은? (중개사 34회)

① 수요의 가격탄력성이 공급의 가격탄력성보다 크면 발산형이다.
② 가격이 변동하면 수요와 공급은 모두 즉각적으로 반응한다는 가정을 전제하고 있다.
③ 수요곡선의 기울기 절댓값이 공급곡선의 기울기 절댓값보다 작으면 수렴형이다.
④ 수요와 공급의 동시적 관계로 가정하여 균형의 변화를 정태적으로 분석한 모형이다.
⑤ 공급자는 현재와 미래의 가격을 동시에 고려해 미래의 공급을 결정한다는 가정을 전제하고 있다.

31. 부동산 시장에 대한 정부의 공적 개입에 관한 설명으로 틀린 것은?

① 정부가 주택시장에 개입하는 이유는 주택시장에 시장실패의 요인이 있기 때문이다.
② 정부는 시장에서 효율적인 자원배분이 이루어지더라도 개입하는 경우가 있다.
③ 시장기능으로 달성하기 어려운 소득재분배, 공공재의 공급, 경제 안정화 등을 달성하기 위하여 정부가 개입한다.
④ 부동산 투기, 저소득층 주거문제, 부동산자원배분의 비효율성은 정부가 시장에 개입하는 근거가 된다.
⑤ 부동산 시장실패의 대표적인 원인으로 공공재, 외부효과, 정보의 비대칭성이 있다.
⑥ 시장이 자원을 효율적으로 배분하지 못하는 상황을 정부실패라고 한다.
⑦ 정부의 시장 개입이 오히려 전보다 못한 결과를 만들어 내는 경우도 있다.

32. 시장실패의 원인으로 옳지 않은 것은? (평가사 34회)

① 외부효과
② 정보의 대칭성
③ 공공재의 공급
④ 불완전경쟁시장
⑤ 시장의 자율적 조절기능 상실

33. 외부효과에 대한 설명으로 옳은 것은? (평가사 34회)

① 외부효과란 거래 당사자가 시장메카니즘을 통하여 상대방에게 미치는 유리하거나 불리한 효과를 말한다.
② 부(−)의 외부효과는 의도되지 않은 손해를 주면서 그 대가를 지불하지 않는 외부경제라고 할 수 있다.
③ 정(+)의 외부효과는 소비에 있어 사회적 편익이 사적 편익보다 큰 결과를 초래한다.
④ 부(−)의 외부효과에는 보조금 지급이나 조세경감의 정책이 필요하다.
⑤ 부(−)의 외부효과는 사회적 최적생산량보다 시장생산량이 적은 과소생산을 초래한다.

34. 공공재에 대한 설명으로 틀린 것은?

① 공공재는 소비의 경합성과 소비의 배제성이라는 특성을 갖는다.
② ‘소비의 비배제성’이란 어떤 개인의 소비가 다른 개인의 소비를 감소시키지 않는 특성을 말한다.
③ 공공재는 소비의 비배제성으로 인하여 개인들이 생산비를 부담하지 않고 이를 최대한 이용하려고 하는데, 이를 무임승차자의 문제라고 한다.
④ 공공재의 생산을 시장에 맡길 경우, 공공재는 사회적 적정생산량보다 과소하게 생산되는 경향이 있다.
⑤ 공공재는 정부가 직접 생산하고 공급하는 것이 일반적이다.

35. 부동산 시장에 대한 정부의 개입방식을 직접과 간접으로 구분하는 경우, 정부의 직접개입방식은 모두 몇 개인가?

㉠ 개발부담금	㉡ 토지비축제도(토지은행제도)
㉢ 보조금, 지원금	㉣ 선매제도
㉤ 종합부동산세	㉥ 토지수용
㉦ LTV, DTI 규제	㉧ 분양가상한제

① 2개 ② 3개 ③ 4개 ④ 5개 ⑤ 6개

36. 부동산 시장에 대한 정부의 개입에 관한 설명으로 틀린 것은? (중개사 34회)

① 부동산 투기, 저소득층 주거문제, 부동산자원배분의 비효율성은 정부가 부동산 시장에 개입하는 근거가 된다.

② 부동산 시장실패의 대표적인 원인으로 공공재, 외부효과, 정보의 비대칭성이 있다.

③ 토지비축제도는 공익사업용지의 원활한 공급과 토지시장 안정을 위해 정부가 직접적으로 개입하는 방식이다.

④ 토지수용, 종합부동산세, 담보인정비율, 개발부담금은 부동산 시장에 대한 직접개입수단이다.

⑤ 정부가 주택시장에 개입하여 민간분양주택 분양가를 규제할 경우 주택산업의 채산성·수익성을 저하시켜 신축민간주택의 공급을 축소시킨다.

37. 조세 부과의 효과를 설명한 것으로 틀린 것은?

① 임대주택에 재산세가 부과되면 세금은 장기적으로 임차인에게 전가될 수 있다.

② 공급의 가격탄력성은 탄력적인 반면 수요의 가격탄력성은 비탄력적이라면, 임차인이 임대인보다 더 많은 조세를 실질적으로 부담한다.

③ 주택공급의 동결효과란 가격이 오른 주택의 소유자가 양도소득세를 납부하지 않기 위해서 주택의 처분을 적극적으로 연기하거나 포기하는 현상을 말한다.

④ 주택시장에 동결효과가 발생하면, 주택의 가격은 하락할 수 있다.

⑤ 토지공급의 가격탄력성이 '0'인 경우, 부동산 조세 부과시 토지소유자가 전부 부담하게 된다.

38. 부동산 조세에 관한 설명으로 틀린 것은? (중개사 32회)

① 조세의 중립성은 조세가 시장의 자원배분에 영향을 미치지 않아야 한다는 원칙을 의미한다.

② 양도소득세를 중과하면 부동산의 보유기간이 늘어나는 현상이 발생할 수 있다.

③ 조세의 사실상 부담이 최종적으로 어떤 사람에게 귀속되는 것을 조세의 귀착이라 한다.

④ 양도소득세는 양도로 인해 발생하는 소득에 대해 부과되는 것으로 타인에게 전가될 수 있다.

⑤ 재산세와 종합부동산세는 보유세로서 지방세이다.

39. 부동산 조세에 관한 설명으로 옳은 것을 모두 고른 것은? (중개사 33회)

> ㉠ 양도소득세와 부가가치세는 국세에 속한다.
> ㉡ 취득세와 등록면허세는 지방세에 속한다.
> ㉢ 상속세와 재산세는 부동산의 취득단계에 부과한다.
> ㉣ 증여세와 종합부동산세는 부동산의 보유단계에 부과한다.

① ㉠　② ㉠, ㉡　③ ㉡, ㉣
④ ㉠, ㉢, ㉣　⑤ ㉡, ㉢, ㉣

40. 우리나라의 부동산 조세제도에 관한 설명으로 틀린 것은? (평가사 32회)

① 양도소득세와 취득세는 신고납부방식이다.
② 취득세와 증여세는 부동산의 취득단계에 부과한다.
③ 양도소득세와 종합부동산세는 국세에 속한다.
④ 상속세와 증여세는 누진세율을 적용한다.
⑤ 종합부동산세와 재산세의 과세기준일은 매년 6월 30일이다.

41. 부동산 조세정책에 관한 설명으로 옳은 것을 모두 고른 것은? (평가사 34회)

> ㉠ 부가가치세와 등록면허세는 국세에 속한다.
> ㉡ 재산세와 상속세는 신고납부방식이다.
> ㉢ 증여세와 재산세는 부동산의 보유단계에 부과한다.
> ㉣ 상속세와 증여세는 누진세율을 적용한다.

① ㉣　② ㉠, ㉣　③ ㉡, ㉢
④ ㉠, ㉡, ㉢　⑤ ㉡, ㉢, ㉣

42. 임대주택정책의 효과에 관한 설명으로 틀린 것은?

① 임대료 상한을 균형임대료 이하로 규제하면 임대주택의 초과공급 현상이 나타난다.
② 정부가 임대료를 균형임대료 이하로 규제할 때, 임대주택의 사업성이 악화되기 때문에 장기적으로 임대주택의 물량이 감소한다.
③ 정부가 최고임대료를 시장 균형임대료보다 높게 설정하면, 임대주택의 물량이 감소한다.
④ 임대료 규제는 임대부동산을 질적으로 향상시키고 기존 세입자의 주거이동을 촉진시킨다.
⑤ 임대료 보조정책은 저소득층의 실질소득을 증가시키는 효과를 가지며, 다른 조건이 같을 경우, 임대주택의 수요를 증가시킨다.
⑥ 임대료 보조정책은 다른 조건이 같을 경우, 장기적으로 임대주택의 공급을 감소시킬 수 있다.

43. 분양주택정책에 관한 설명으로 틀린 것은?

① 분양가상한제의 목적은 주택가격을 안정시키고 무주택자의 신규주택 구입부담을 경감시키기 위해서이다.
② 선분양제도는 준공 전 분양대금이 유입되므로 사업자의 초기자금부담을 완화시킬 수 있다.
③ 주택선분양제도는 후분양제도에 비해 주택공급을 감소시켜 주택시장을 위축시킬 가능성이 더 큰 편이다.
④ 주택법령상 분양가상한제 적용주택 및 그 주택의 입주자로 선정된 지위에 대하여 전매를 제한할 수 있다.
⑤ 주택법령상 분양가상한제 적용주택의 분양가격은 택지비와 건축비로 구성된다.

44. 주거정책에 관한 설명으로 틀린 것을 모두 고른 것은? (중개사 34회)

㉠ 우리나라는 주거에 대한 권리를 인정하고 있지 않다.
㉡ 공공임대주택, 주거급여제도, 주택청약종합저축제도는 현재 우리나라에서 시행되고 있다.
㉢ 주택바우처는 저소득임차가구에 주택임대료를 일부 지원해주는 소비자보조방식의 일종으로 임차인의 주거지 선택을 용이하게 할 수 있다.
㉣ 임대료보조정책은 민간임대주택의 공급을 장기적으로 감소시키고 시장임대료를 높인다.
㉤ 임대료를 균형가격 이하로 통제하면 민간임대주택의 공급량은 증가하고 질적 수준은 저하된다.

① ㉠, ㉡, ㉤ ② ㉠, ㉢, ㉤ ③ ㉠, ㉣, ㉤
④ ㉡, ㉢, ㉣ ⑤ ㉢, ㉣, ㉤

45. (암기해야 할 주택정책 관련 용어) / 정책에 관한 설명으로 틀린 것은?

① 주택바우처(housing voucher)는 임대료 보조정책의 하나이다.
② 주택정책은 주거안정을 보장해준다는 측면에서 복지기능도 수행한다.
③ 소득대비 주택가격비율(PIR)과 소득대비 임대료비율(RIR)은 주택시장에서 가구의 지불능력을 측정하는 지표이다.
④ 공공임대주택 공급정책은 입주자가 주거지를 자유롭게 선택할 수 있는 것이 장점이다.
⑤ 주거복지정책상 주거급여제도는 소비자보조방식의 일종이다.

46. 토지은행제도(공공토지비축제도)에 관한 설명으로 틀린 것은? (중개사 28회)

① 토지비축제도는 정부가 직접적으로 부동산 시장에 개입하는 정책수단이다.

② 토지비축제도의 필요성은 토지의 공적 기능이 확대됨에 따라 커질 수 있다.

③ 토지비축사업은 토지를 사전에 비축하여 장래 공익사업의 원활한 시행과 토지시장의 안정에 기여할 수 있다.

④ 토지비축제도는 사적 토지소유의 편중현상으로 인해 발생 가능한 토지보상비 등의 고비용 문제를 완화시킬 수 있다.

⑤ 공공토지의 비축에 관한 법령상 비축토지는 각 지방자치단체에서 직접 관리하기 때문에 관리의 효율성을 기대할 수 있다.

47. 부동산 거래규제에 관한 설명으로 틀린 것은? (중개사 32회)

① 주택취득시 자금조달계획서의 제출을 요구하는 것은 주택취득을 제한하는 방법이라 볼 수 있다.

② 투기지역으로 지정되면 그 지역에서 건설·공급하는 도시형 생활주택에 대해 분양가상한제가 적용된다.

③ 농지취득자격증명제는 농지취득을 제한하는 제도다.

④ 토지거래허가구역으로 지정된 지역에서 토지거래계약을 체결할 경우 시장·군수 또는 구청장의 허가를 받아야 한다.

⑤ 부동산거래신고제는 부동산 매매계약을 체결하는 경우 그 실제 거래가격 등을 신고하게 하는 제도다.

48. 최근 정책 관련 기출 지문이다. 틀린 지문을 모두 고르시오.

① 토지거래허가구역은 토지의 투기적인 거래가 성행하거나 지가가 급격히 상승하는 지역과 그러한 우려가 있는 지역을 대상으로 한다.

② 토지적성평가제도는 토지에 대한 개발과 보전의 경합이 발생했을 때 이를 합리적으로 조정하는 수단이다.

③ 개발권양도제는 개발사업의 시행으로 이익을 얻은 사업시행자로부터 개발이익의 일정액을 환수하는 제도이다.

④ 개발부담금제는 개발이 제한되는 지역의 토지소유권에서 개발권을 분리하여 개발이 필요한 다른 지역에 개발권을 양도할 수 있도록 하는 제도이다.

⑤ 토지선매에 있어 시장·군수·구청장은 토지거래계약허가를 받아 취득한 토지를 그 이용목적대로 이용하고 있지 아니한 토지에 대해서 선매자에게 강제로 수용하게 할 수 있다.

⑥ 부동산 거래당사자는 그 실제 거래가격 등을 거래계약의 체결일부터 30일 이내에 공동으로 신고해야 한다.

49. 현재 우리나라에서 시행하지 않는 부동산 정책은 모두 몇 개인가?

㉠ 개발권양도제도	㉡ 공한지세
㉢ 토지거래허가제	㉣ 택지소유상한제
㉤ 분양가상한제	㉥ 개발이익환수제
㉦ 실거래가신고제	㉧ 재건축초과이익환수제도
㉨ 부동산실명제	㉩ 주거급여제도

① 1개 ② 2개 ③ 3개 ④ 4개 ⑤ 5개

50. 현재 우리나라에서 시행하지 않는 부동산 정책은 모두 몇 개인가? (중개사 34회)

㉠ 택지소유상한제	㉡ 부동산거래신고제
㉢ 토지초과이득세	㉣ 주택의 전매제한
㉤ 부동산실명제	㉥ 토지거래허가구역
㉦ 종합부동산세	㉧ 공한지세

① 1개 ② 2개 ③ 3개 ④ 4개 ⑤ 5개

51. 부채금융(debt financing)에 해당하는 것을 모두 고른 것은? (중개사 32회)

㉠ 주택저당대출
㉡ 조인트 벤처(joint venture)
㉢ 신탁증서금융
㉣ 자산담보부기업어음(ABCP)
㉤ 부동산투자회사(REITs)

① ㉠, ㉡, ㉢ ② ㉠, ㉡, ㉣ ③ ㉠, ㉢, ㉣
④ ㉡, ㉢, ㉤ ⑤ ㉢, ㉣, ㉤

52. 금융에 관한 설명으로 틀린 것은?

① 총부채원리금상환비율(DSR)과 담보인정비율(LTV)은 소득기준으로 채무불이행위험을 측정하는 지표이다.
② 대출수수료를 부담하는 경우 차입자의 실효이자율은 상승한다.
③ 주택금융시장은 금융기관이 수취한 예금 등으로 주택담보대출을 제공하는 주택자금 공급시장, 투자자로부터 자금을 조달하여 주택자금을 대출기관에 공급해주는 주택자금 대출시장 등으로 구분할 수 있다.
④ 공공주택금융은 일반적으로 민간주택금융에 비하여 대출금리가 낮고 대출기간도 장기이다.
⑤ 주택연금이란 주택을 금융기관에 담보로 맡기고, 금융기관으로부터 연금과 같이 매월 노후생활자금을 대출받는 제도다.

53. 대출의 위험에 관한 설명으로 틀린 지문은?

① 장래에 인플레이션이 예상되는 경우, 대출자(은행)는 고정금리 대신 변동금리로 대출하기를 선호한다.

② 차입자에게 고정금리대출을 실행하면 대출자의 인플레이션 위험은 낮아진다.

③ 시장이자율이 대출약정이자율보다 낮아지면 차입자는 기존대출금을 조기상환하는 것이 유리하다.

④ 시장이자율 하락시 고정금리대출을 실행한 대출기관은 차입자의 조기상환으로 인한 위험이 커진다.

⑤ 대출기관은 대출의 위험을 줄이기 위해 부채감당률이 1.0 이상이 되는 투자안을 선택한다.

54. 고정금리대출과 변동금리대출에 관한 설명으로 틀린 것은?

① 일반적으로 다른 조건이 동일하다면, 고정금리상품의 대출금리가 변동금리상품의 대출금리보다 높다.

② 변동금리대출은 시장상황에 따라 이자율을 변동시킬 수 있으므로 기준금리 외에 가산금리는 별도로 고려하지 않는다.

③ 변동금리대출의 경우 시장이자율 상승시 이자율 조정주기가 짧을수록 대출기관에게 유리하다.

55. 저당상환방법에 관한 설명 중 틀린 것은?

① 원리금균등상환방식은 매기 이자상환액이 감소하는 만큼 원금상환액이 증가한다.

② 원리금균등상환방식의 경우, 매기간에 상환하는 원금상환액이 점차적으로 감소한다.

③ 원금균등상환방식의 경우, 매기간에 상환하는 원리금상환액과 대출잔액이 점차적으로 감소한다.

④ 점증(체증)상환방식의 경우, 미래 소득이 증가될 것으로 예상되는 젊은 차입자에게 적합하다.

⑤ 체증식(점증식) 상환방식의 경우, 부(負)의 상환이 발생할 수 있다.

56. 대출상환방식에 관한 설명으로 틀린 것은?

① 대출기간 초기에는 원금균등분할상환방식의 원리금이 원리금균등분할상환방식의 원리금보다 많다.

② 원금균등상환방식은 원리금균등상환방식에 비해 대출기간 전체의 누적이자액이 더 크다.

③ 중도상환시 차입자가 상환해야 하는 저당잔금은 원리금균등분할상환방식이 원금균등분할상환방식보다 많다.

④ 대출금을 조기상환하는 경우 원리금균등상환방식에 비해 원금균등상환방식의 상환액이 더 적다.

⑤ 대출실행시점에서 총부채상환비율(DTI)은 원금균등상환방식이 원리금균등상환방식보다 크다.

57. 주택금융의 상환방식에 관한 설명으로 옳지 않은 것은? (평가사 34회)

① 만기일시상환방식은 대출만기 때까지는 원금상환이 전혀 이루어지지 않기에 매월 내는 이자가 만기 때까지 동일하다.

② 원금균등분할상환방식은 대출 초기에 대출원리금의 지급액이 가장 크기에 차입자의 원리금지급 부담도 대출 초기에 가장 크다.

③ 원리금균등분할상환방식은 매기의 대출원리금이 동일하기에 대출 초기에는 대체로 원금상환 부분이 작고 이자지급 부분이 크다.

④ 점증상환방식은 초기에 대출이자를 전부 내고, 나머지 대출원금을 상환하는 방식으로 부의 상환(negative amortization)이 일어날 수 있다.

⑤ 원금균등분할상환방식이나 원리금균등분할상환방식에서 거치기간을 별도로 정할 수 있다.

58. 대출상환방식에 관한 설명으로 옳지 않은 것은? (평가사 33회)

① 원금균등분할상환방식은 만기에 가까워질수록 차입자의 원리금상환액이 감소한다.

② 원리금균등분할상환방식은 만기에 가까워질수록 원리금상환액 중 원금의 비율이 높아진다.

③ 대출조건이 동일하다면 대출기간 동안 차입자의 총원리금상환액은 원금균등분할상환방식이 원리금균등분할상환방식보다 크다.

④ 차입자의 소득에 변동이 없는 경우 원금균등상환방식의 총부채상환비율(DTI)은 만기에 가까워질수록 낮아진다.

⑤ 차입자의 소득에 변동이 없는 경우 원리금균등분할상환방식의 총부채상환비율(DTI)은 대출기간 동안 일정하게 유지된다.

59. 모기지(mortgage) 유동화에 관한 설명으로 틀린 것은?

① MPTS의 조기상환위험은 투자자가 부담한다.

② MBB의 발행자는 최초의 주택저당채권 집합물에 대한 소유권을 갖는다.

③ MPTB는 MPTS(지분형 증권)와 MBB(채권형 증권)를 혼합한 특성을 지닌다.

④ MPTB의 경우, 조기상환위험은 증권발행자가 부담한다.

⑤ MPTB의 발행자는 최초의 주택저당채권 집합물에 대한 소유권을 갖는다.

60. 부동산 증권에 관한 설명으로 틀린 것은?

① 유동화란 은행 등 대출기관의 유동성을 풍부하게 하기 위해 도입된 제도이다.

② 주택저당증권(MBS)은 금융기관 등이 주택자금을 대출하고 취득한 주택저당채권을 유동화전문회사 등이 양수하여 이를 기초로 발행하는 증권을 의미한다.

③ 자산유동화증권(ABS)은 금융기관 및 기업이 보유하고 있는 매출채권, 부동산저당채권 등 현금흐름이 보장되는 자산을 담보로 발행하는 증권을 의미한다.

④ CMBS(commercial mortgage backed securities)란 금융기관이 보유한 상업용 부동산 모기지(mortgage)를 기초자산으로 하여 발행하는 증권이다.

61. 다음은 어려운 기출지문이다. 부동산 증권에 관한 설명으로 틀린 것은?

① MBB는 채권형 증권으로 발행자는 초과담보를 제공하는 것이 일반적이다.
② MBB는 주택저당대출차입자의 채무불이행이 발생하더라도 MBB에 대한 원리금을 발행자가 투자자에게 지급하여야 한다.
③ MBB(mortgage backed bond)의 경우, 발행자에게 신용보강을 위한 초과담보가 필요하지 않다.
④ MPTS는 주택담보대출의 원리금이 회수되면, MPTS의 원리금으로 지급되므로 유동화기관의 자금관리 필요성이 원칙적으로 제거된다.
⑤ MPTS는 지분을 나타내는 증권으로서 유동화기관의 부채로 표기되지 않는다.

62. 부동산 증권에 관한 설명으로 옳지 않은 것은? (평가사 33회)

① 한국주택금융공사는 유동화 증권의 발행을 통해 자본시장에서 정책모기지 재원을 조달할 수 있다.
② 금융기관은 주택저당증권(MBS)을 통해 유동성 위험을 감소시킬 수 있다.
③ 저당담보부채권(MBB)의 투자자는 채무불이행위험을 부담한다.
④ 다계층증권(CMO)은 동일한 저당풀(mortgage pool)에서 상환우선순위와 만기가 다른 다양한 증권을 발행할 수 있다.
⑤ 지불이체채권(MPTB)의 투자자는 조기상환위험을 부담한다.

63. 부동산투자회사에 관한 설명으로 틀린 것은?

① 부동산투자회사는 주식회사로 하며, 그 상호에 부동산투자회사라는 명칭을 사용하여야 한다.
② 부동산투자회사는 「부동산투자회사법」에서 특별히 정한 경우를 제외하고는 「상법」의 적용을 받는다.
③ 기업구조조정 부동산투자회사는 자산운용전문인력을 포함한 임직원을 상근으로 두고 자산의 투자・운용을 직접 수행하는 회사이다.
④ 위탁관리 부동산투자회사는 본점 외의 지점을 설치할 수 없으며 직원을 고용하거나 상근 임원을 둘 수 없다.
⑤ 위탁관리 부동산투자회사는 자산의 투자・운용업무를 자산관리회사에 위탁하여야 한다.

64. 우리나라 부동산투자회사(REITs)에 관한 설명 중 틀린 것은?

① 자기관리 부동산투자회사의 설립자본금은 5억원 이상이다.
② 부동산투자회사는 발기설립의 방법으로 하여야 하며, 현물출자에 의한 설립이 가능하다.
③ 감정평가사 또는 공인중개사로서 해당 분야에 5년 이상 종사한 사람은 자기관리 부동산투자회사의 상근 자산운용전문인력이 될 수 있다.
④ 영업인가를 받은 날부터 6개월이 지난 자기관리 부동산투자회사의 자본금은 70억원 이상이 되어야 한다.
⑤ 부동산투자회사는 최저자본금준비기간이 끝난 후에는 매 분기 말 현재 총자산의 100분의 80 이상을 부동산, 부동산 관련 증권 및 현금으로 구성하여야 한다. 이 경우 총자산의 100분의 70 이상은 부동산(건축 중인 건물을 포함한다)이어야 한다.

65. 「부동산투자회사법」상 위탁관리 부동산투자회사에 관한 설명으로 틀린 것은? (중개사 30회)

① 주주 1인당 주식소유의 한도가 제한된다.
② 주주를 보호하기 위해서 직원이 준수해야 할 내부통제기준을 제정하여야 한다.
③ 자산의 투자·운용을 자산관리회사에 위탁하여야 한다.
④ 주요 주주의 대리인은 미공개 자산운용정보를 이용하여 부동산을 매매하거나 타인에게 이용하게 할 수 없다.
⑤ 설립자본금은 3억원 이상으로 한다.

66. 「부동산투자회사법」상 부동산투자회사에 관한 설명으로 옳은 것은? (평가사 33회)

① 최저자본금준비기간이 지난 위탁관리 부동산투자회사의 자본금은 70억원 이상이 되어야 한다.
② 자기관리 부동산투자회사의 설립자본금은 3억원 이상으로 한다.
③ 자기관리 부동산투자회사에 자산운용전문인력으로 상근하는 감정평가사는 해당 분야에 3년 이상 종사한 사람이어야 한다.
④ 최저자본금준비기간이 끝난 후에는 매 분기 말 현재 총자산의 100분의 80 이상이 부동산(건축 중인 건축물 포함)이어야 한다.
⑤ 위탁관리 부동산투자회사는 해당 연도 이익을 초과하여 배당할 수 있다.

67. 프로젝트 금융에 관한 설명으로 옳은 것은? (평가사 34회)

① 기업 전체의 자산 또는 신용을 바탕으로 자금을 조달하고, 기업의 수익으로 원리금을 상환하거나 수익을 배당하는 방식의 자금조달기법이다.
② 프로젝트 사업주는 기업 또는 개인일 수 있으나, 법인은 될 수 없다.
③ 프로젝트 사업주는 대출기관으로부터 상환청구를 받지는 않으나, 이러한 방식으로 조달한 부채는 사업주의 재무상태표에는 부채로 계상된다.
④ 프로젝트 회사가 파산 또는 청산할 경우, 채권자들은 프로젝트 회사에 대해 원리금상환을 청구할 수 없다.
⑤ 프로젝트 사업주의 도덕적 해이를 방지하기 위해 금융기관은 제한적 소구금융의 장치를 마련해두기도 한다.

68. 프로젝트 사업주(sponsor)가 특수목적회사인 프로젝트회사를 설립하여 특정 프로젝트 수행에 필요한 자금을 금융회사로부터 대출받는 방식의 프로젝트 파이낸싱(PF)에 관한 설명으로 옳은 것을 모두 고른 것은? (단, 프로젝트 사업주가 프로젝트회사를 위해 보증이나 담보제공을 하지 않음) (평가사 29회)

> ㉠ 일정한 요건을 갖춘 프로젝트회사는 법인세 감면을 받을 수 있다.
> ㉡ 프로젝트 사업주의 재무상태표에 해당 부채가 표시되지 않는다.
> ㉢ 금융회사는 담보가 없어 위험이 높은 반면 대출이자율을 높게 할 수 있다.
> ㉣ 프로젝트회사가 파산하더라도 금융회사는 프로젝트 사업주에 대해 원리금 상환을 청구할 수 없다.

① ㉠, ㉡, ㉢　② ㉠, ㉡, ㉣　③ ㉠, ㉢, ㉣
④ ㉡, ㉢, ㉣　⑤ ㉠, ㉡, ㉢, ㉣

69. 부동산 개발의 위험에 대한 설명으로 틀린 것은?

① 「부동산개발업의 관리 및 육성에 관한 법률」상 부동산 개발은 시공을 담당하는 행위를 제외한다.

② 개발비용이 예상했던 것 이상으로 증가하면 개발의 타당성이 낮아지는데, 이러한 위험을 비용 위험이라고 한다.

③ 토지이용계획이 확정된 토지를 구입하는 것은 비용 위험을 줄이기 위한 대안이 될 수 있다.

70. 다음은 부동산 개발과정에 내재하는 위험에 관한 설명이다. ( )에 들어갈 내용으로 옳게 연결된 것은? (평가사 28회)

> • (㉠)은 정부의 정책이나 용도지역제와 같은 토지이용규제의 변화로 인해 발생하기도 한다.
> • (㉡)은 개발된 부동산이 분양이나 임대가 되지 않거나, 계획했던 가격 이하나 임대료 이하로 매각되거나 임대되는 경우를 말한다.
> • (㉢)은 인플레이션이 심할수록, 개발기간이 연장될수록 더 커진다.

① ㉠ 법률적 위험 ㉡ 시장 위험 ㉢ 비용 위험
② ㉠ 법률적 위험 ㉡ 관리 위험 ㉢ 시장 위험
③ ㉠ 사업 위험 ㉡ 계획 위험 ㉢ 비용 위험
④ ㉠ 계획 위험 ㉡ 시장 위험 ㉢ 비용 위험
⑤ ㉠ 시장 위험 ㉡ 계획 위험 ㉢ 사업 위험

71. 부동산 개발사업의 타당성 분석과 관련하여 다음의 설명에 해당하는 ( )에 알맞은 용어는? (중개사 31회)

> • (㉠) : 특정 부동산이 가진 경쟁력을 중심으로 해당 부동산이 분양될 수 있는 가능성을 분석하는 것
> • (㉡) : 타당성 분석에 활용된 투입요소의 변화가 그 결과치에 어떠한 영향을 주는가를 분석하는 기법

㉠ __________, ㉡ __________

72. 부동산 개발의 타당성 분석 유형을 설명한 것이다. ( )에 들어갈 내용으로 옳게 연결된 것은? (평가사 33회)

> • (㉠)은 부동산이 현재나 미래의 시장상황에서 매매 또는 임대될 수 있는 가능성을 분석하는 것이다.
> • (㉡)은 개발업자가 대상부동산에 대해 수립한 사업안들 중에서 최유효이용을 달성할 수 있는 방식을 판단할 수 있도록 자료를 제공해 주는 것이다.
> • (㉢)은 주요 변수들의 초기 투입값을 변화시켜 적용함으로써 낙관적 또는 비관적인 상황에서 발생할 수 있는 수익성 및 부채상환능력 등을 예측하는 것이다.

① ㉠ 시장성분석 ㉡ 민감도분석 ㉢ 투자분석
② ㉠ 민감도분석 ㉡ 투자분석 ㉢ 시장성분석
③ ㉠ 투자분석 ㉡ 시장성분석 ㉢ 민감도분석
④ ㉠ 시장성분석 ㉡ 투자분석 ㉢ 민감도분석
⑤ ㉠ 민감도분석 ㉡ 시장성분석 ㉢ 투자분석

73. **부동산 개발의 분류상 다음 (　　)에 들어갈 내용으로 옳은 것은?** (중개사 31회)

> 토지소유자가 조합을 설립하여 농지를 택지로 개발한 후 보류지(체비지·공공시설 용지)를 제외한 개발토지 전체를 토지소유자에게 배분하는 방식
> • 개발 형태에 따른 분류 : (㉠)
> • 토지취득방식에 따른 분류 : (㉡)

① ㉠ 신개발방식, ㉡ 수용방식
② ㉠ 재개발방식, ㉡ 환지방식
③ ㉠ 신개발방식, ㉡ 혼용방식
④ ㉠ 재개발방식, ㉡ 수용방식
⑤ ㉠ 신개발방식, ㉡ 환지방식

74. **토지개발방식으로서 수용방식과 환지방식의 비교에 관한 설명으로 옳지 않은 것은?** (단, 사업구역은 동일함) (평가사 32회)

① 수용방식은 환지방식에 비해 종전 토지소유자에게 개발이익이 귀속될 가능성이 큰 편이다.
② 수용방식은 환지방식에 비해 사업비의 부담이 큰 편이다.
③ 수용방식은 환지방식에 비해 기반시설의 확보가 용이한 편이다.
④ 환지방식은 수용방식에 비해 사업시행자의 개발토지 매각부담이 적은 편이다.
⑤ 환지방식은 수용방식에 비해 종전 토지소유자의 재정착이 쉬운 편이다.

75. **부동산 개발사업의 방식에 관한 설명 중 ㉠과 ㉡에 해당하는 것은?** (중개사 29회)

> ㉠ 토지소유자가 토지소유권을 유지한 채 개발업자에게 사업시행을 맡기고 개발업자는 사업시행에 따른 수수료를 받는 방식
> ㉡ 토지소유자로부터 형식적인 토지소유권을 이전받은 신탁회사가 사업주체가 되어 개발·공급하는 방식

㉠ ____________, ㉡ ____________

76. **민간의 부동산 개발사업방식에 관한 설명으로 틀린 것은?**

① 토지소유자가 건설업자에게 시공을 맡기고 건설에 소요된 비용을 완성된 건축물로 변제하는 방식은 공사비 분양금 지급형이다.
② 컨소시엄 구성방식은 출자회사 간 상호 이해조정이 필요하다.
③ 사업위탁방식은 토지소유자가 개발업자에게 사업시행을 의뢰하고, 개발업자는 사업시행에 대한 수수료를 취하는 방식이다.
④ 지주공동사업은 토지소유자와 개발업자가 부동산 개발을 공동으로 시행하는 방식으로서, 일반적으로 토지소유자는 토지를 제공하고 개발업자는 개발의 노하우를 제공하여 서로의 이익을 추구한다.
⑤ 토지신탁형은 토지소유자로부터 형식적인 소유권을 이전받은 신탁회사가 토지를 개발·관리·처분하여 그 수익을 수익자에게 돌려주는 방식이다.

77. 민간투자사업방식의 대표 유형 2가지이다. 이에 대한 설명으로 틀린 것은?

① BTO 방식 : 사업시행자가 시설의 준공과 함께 소유권을 국가 또는 지방자치단체로 이전하고, 해당 시설을 국가나 지방자치단체에 임대하여 수익을 내는 방식이다.

② BTL 방식 : 사업시행자가 시설을 준공하여 소유권을 보유하면서 시설의 수익을 가진 후 일정기간 경과 후 시설소유권을 국가 또는 지방자치단체에 귀속시키는 방식이다.

78. 민간투자사업의 유형이 옳게 짝지어진 것은? (중개사 32회)

ㄱ. 민간사업자가 자금을 조달하여 시설을 건설하고, 일정기간 소유 및 운영을 한 후 사업종료 후 국가 또는 지방자치단체 등에게 시설의 소유권을 이전하는 방식
ㄴ. 민간사업자가 자금을 조달하여 시설을 건설하고 일정기간 동안 타인에게 임대하고, 임대기간 종료 후 국가 또는 지방자치단체 등에게 시설의 소유권을 이전하는 방식
ㄷ. 민간사업자가 자금을 조달하여 시설을 건설하고, 준공과 함께 민간사업자가 당해 시설의 소유권과 운영권을 갖는 방식

<보기>
a. BTO(build-transfer-operate) 방식
b. BOT(build-operate-transfer) 방식
c. BTL(build-transfer-lease) 방식
d. BLT(build-lease-transfer) 방식
e. BOO(build-own-operate) 방식
f. ROT(rehabilitate-operate-transfer) 방식

① ㄱ-a, ㄴ-c, ㄷ-e
② ㄱ-a, ㄴ-d, ㄷ-e
③ ㄱ-b, ㄴ-c, ㄷ-f
④ ㄱ-b, ㄴ-d, ㄷ-e
⑤ ㄱ-b, ㄴ-d, ㄷ-f

79. 부동산 관리에 대한 설명으로 틀린 것은?

① 토지의 경계를 확인하기 위한 경계측량을 실시하는 등의 관리는 기술적 측면의 관리에 속한다.

② 법률적 측면의 부동산 관리는 부동산의 유용성을 보호하기 위하여 법률상의 제반 조치를 취함으로써 법적인 보장을 확보하려는 것이다.

③ 경제적 측면의 부동산 관리는 대상 부동산의 물리적·기능적 하자의 유무를 판단하여 필요한 조치를 취하는 것이다.

④ 시설관리는 부동산 시설을 운영하고 유지하는 것으로 시설사용자나 기업의 요구에 따르는 소극적 관리에 해당한다.

⑤ 위생관리, 보안관리 및 보전관리는 모두 기술적 관리에 해당한다.

80. 부동산 관리와 생애주기에 관한 설명으로 옳지 않은 것은? (평가사 33회)

① 자산관리(Asset Management)란 소유자의 부를 극대화시키기 위하여 대상 부동산을 포트폴리오 관점에서 관리하는 것을 말한다.

② 시설관리(Facility Management)란 각종 부동산 시설을 운영하고 유지하는 것으로 시설 사용자나 건물주의 요구에 단순히 부응하는 정도의 소극적이고 기술적인 측면의 관리를 말한다.

③ 생애주기상 노후단계는 물리적·기능적 상태가 급격히 악화되기 시작하는 단계로 리모델링을 통하여 가치를 올릴 수 있다.

④ 재산관리(Property Management)란 부동산의 운영수익을 극대화하고 자산가치를 증진시키기 위한 임대차관리 등의 일상적인 건물운영 및 관리뿐만 아니라 부동산 투자의 위험관리와 프로젝트 파이낸싱 등의 업무를 하는 것을 말한다.

⑤ 건물의 이용에 의한 마멸, 파손, 노후화, 우발적 사고 등으로 사용이 불가능할 때까지의 기간을 물리적 내용연수라고 한다.

81. 부동산 관리방식에 따른 해당 내용을 옳게 묶은 것은? (중개사 34회)

> ㉠ 소유자의 직접적인 통제권이 강화된다.
> ㉡ 관리의 전문성과 효율성을 높일 수 있다.
> ㉢ 기밀 및 보안 유지가 유리하다.
> ㉣ 건물설비의 고도화에 대응할 수 있다.
> ㉤ 대형건물의 관리에 더 유용하다.
> ㉥ 소유와 경영의 분리가 가능하다.

① 자기관리방식 - ㉠, ㉡, ㉢, ㉣
② 자기관리방식 - ㉠, ㉢, ㉤, ㉥
③ 자기관리방식 - ㉡, ㉢, ㉣, ㉥
④ 위탁관리방식 - ㉠, ㉢, ㉣, ㉤
⑤ 위탁관리방식 - ㉡, ㉣, ㉤, ㉥

82. 부동산 관리에 관한 설명으로 옳은 것은?

① 포트폴리오 관리, 리모델링, 부동산의 매입과 매각 등은 건물 및 임대차 관리의 내용이다.
② 의사결정과 업무처리가 신속한 방식은 위탁관리이다.
③ 부동산 관리에서 사고가 발생하기 전에 이를 예방하고자 하는 사전적 유지활동이 중요하다.
④ 유지란 대상 부동산의 외형을 변화시키면서 부동산의 기능을 유지하는 활동이다.
⑤ 임차부동산에서 발생하는 총수입(매상고)의 일정비율을 임대료로 지불한다면, 이는 임대차의 유형 중 순임대차에 해당한다.

83. 마케팅에 관한 설명으로 틀린 것은?

① 부동산 마케팅은 공급자 주도시장으로 전환됨에 따라 그 중요성이 강조된다.
② 시장점유마케팅 전략은 공급자 중심의 마케팅이다.
③ 고객점유마케팅 전략은 AIDA 원리를 적용하여 소비자의 욕구를 충족시키기 위해 수행된다.
④ 목표시장 선정 단계(targeting)는 목표시장에서 고객의 욕구를 파악하여 경쟁 제품과 차별성을 가지도록 제품 개념을 정하고 소비자의 지각 속에 적절히 위치시키는 것이다.
⑤ 분양 성공을 위해 아파트 브랜드를 고급스러운 이미지로 고객의 인식에 각인시키도록 하는 노력은 STP전략 중 포지셔닝 전략에 해당한다.

84. 다음 중 4P 전략 중 유통경로(Place)에 해당하는 전략은 모두 몇 개인가?

> ㉠ 부동산 중개업소 적극 활용
> ㉡ 시장분석을 통한 적정 분양가 책정
> ㉢ 주택청약자 대상 경품추첨으로 가전제품 제공
> ㉣ 분양대행사를 통한 분양
> ㉤ 아파트 단지 내 커뮤니티 시설 설치
> ㉥ 보안설비의 디지털화

① 1개 ② 2개 ③ 3개 ④ 4개 ⑤ 5개

85. **부동산 마케팅에 관한 설명으로 틀린 것은?** (중개사 32회)

① 부동산 시장이 공급자 우위에서 수요자 우위의 시장으로 전환되면 마케팅의 중요성이 더욱 증대된다.

② STP 전략이란 고객집단을 세분화(Segmentation)하고 표적시장을 선정(Targeting)하여 효과적으로 판매촉진(Promotion)을 하는 전략이다.

③ 경쟁사의 가격을 추종해야 할 경우 4P Mix의 가격전략으로 시가전략을 이용한다.

④ 관계마케팅 전략이란 고객과 공급자 간의 지속적인 관계를 유지하여 마케팅효과를 도모하는 전략이다.

⑤ 시장점유마케팅 전략이란 부동산 시장을 점유하기 위한 전략으로 4P Mix 전략, STP 전략이 있다.

86. **부동산 마케팅에 관한 설명으로 옳지 않은 것은?** (평가사 33회)

① STP란 시장세분화(Segmentation), 표적시장(Target market), 포지셔닝(Positioning)을 말한다.

② 마케팅믹스 전략에서의 4P는 유통경로(Place), 제품(Product), 가격(Price), 판매촉진(Promotion)을 말한다.

③ 노벨티(novelty)광고는 개인 또는 가정에서 이용되는 실용적이며 장식적인 물건에 상호·전화번호 등을 표시하는 것으로 분양광고에 주로 활용된다.

④ 관계마케팅 전략은 공급자와 소비자 간의 장기적·지속적인 상호작용을 중요시하는 전략을 말한다.

⑤ AIDA 원리에 따르면 소비자의 구매의사결정은 행동(Action), 관심(Interest), 욕망(Desire), 주의(Attention)의 단계를 순차적으로 거친다.

87. **지대이론과 학자의 연결이 틀린 것은?**

① 리카도 – 차액지대 : 비옥한 토지의 제한, 수확체감법칙의 작동을 지대발생의 원인으로 보았다.

② 리카도 – 차액지대 : 지대란 토지의 비옥도나 생산력에 관계없이 발생하며, 최열등지에서도 발생한다.

③ 마르크스 – 절대지대 : 토지의 소유 자체가 지대의 발생요인이다.

④ 마르크스 – 독점지대 : 토지소유자는 토지 소유라는 독점적 지위를 이용하여 최열등지에도 지대를 요구한다.

⑤ 튀넨 – 위치지대 : 도시로부터 거리에 따라 농작물의 재배형태가 달라진다는 점에 착안하여, 수송비의 차이가 지대의 차이를 가져온다고 보았다.

⑥ 알론소 – 입찰지대 : 튀넨의 고립국이론을 도시공간에 적용하여 확장, 발전시킨 것이다.

⑦ 알론소 – 입찰지대 : 기업주의 정상이윤과 투입 생산비를 지불하고 남은 잉여에 해당하며, 토지 이용자에게는 최소지불용의액이라 할 수 있다.

88. 지대이론에 관한 설명으로 틀린 것은?

① 리카도(D. Ricardo)는 지대발생의 원인을 비옥한 토지의 희소성과 수확체감현상으로 설명하고, 토지의 질적 차이에서 발생하는 임대료의 차이로 보았다.

② 차액지대설에 따르면 지대는 생산물의 가격에 영향을 주는 비용이 아니라 경제적 잉여이다.

③ 마르크스(K. Marx)는 한계지의 생산비와 우등지의 생산비 차이를 절대지대로 보았다.

④ 튀넨(J. H. von Thünen)은 도시로부터 거리에 따라 농작물의 재배형태가 달라진다는 점에 착안하여, 비옥도의 차이가 지대의 차이를 가져온다고 보았다.

89. 지대이론에 관한 설명으로 틀린 것은?

① 마샬(A. Marshall)은 일시적으로 토지와 유사한 성격을 가지는 생산요소에 귀속되는 소득을 준지대로 설명하고, 단기적으로 공급량이 일정한 생산요소에 지급되는 소득으로 보았다.

② 준지대는 단기에 공급이 고정된 생산요소(기계나 설비)에 대한 대가로, 공급이 제한된 단기에 나타나는 성격이다.

③ 경제지대는 어떤 생산요소가 다른 용도로 전용되지 않고 현재의 용도에 그대로 사용되도록 지급하는 최소한의 지급액이다.

90. 도시공간구조이론에 관한 설명으로 옳지 않은 것은? (평가사 32회)

① 동심원이론은 도시 공간 구조의 형성을 침입, 경쟁, 천이과정으로 설명하였다.

② 동심원이론에 따르면 중심지에서 멀어질수록 지대 및 인구 밀도가 낮아진다.

③ 선형이론에서의 점이지대는 중심업무지구에 직장 및 생활 터전이 있어 중심업무지구에 근접하여 거주하는 지대를 말한다.

④ 선형이론에 따르면 도시 공간 구조의 성장 및 분화가 주요 교통노선을 따라 부채꼴 모양으로 확대된다.

⑤ 다핵심이론에 따르면 하나의 중심이 아니라 몇 개의 분리된 중심이 점진적으로 통합됨에 따라 전체적인 도시 공간 구조가 형성된다.

91. 베버(A. Weber)의 최소비용이론에 관한 설명으로 틀린 것은? (중개사 34회)

① 최소비용지점은 최소운송비 지점, 최소노동비 지점, 집적이익이 발생하는 구역을 종합적으로 고려해서 결정한다.

② 등비용선(isodapane)은 최소운송비 지점으로부터 기업이 입지를 바꿀 경우, 운송비와 노동비가 동일한 지점을 연결한 곡선을 의미한다.

③ 원료지수(material index)가 1보다 큰 공장은 원료지향적 입지를 선호한다.

④ 제품 중량이 국지원료 중량보다 큰 제품을 생산하는 공장은 시장지향적 입지를 선호한다.

⑤ 운송비는 원료와 제품의 무게, 원료와 제품이 수송되는 거리에 의해 결정된다.

92. 크리스탈러(W. Christaller)의 중심지이론에 관한 설명으로 옳은 것은? (중개사 34회)

① 최소요구범위 - 중심지 기능이 유지되기 위한 최소한의 수요 요구 규모
② 최소요구치 - 중심지로부터 어느 기능에 대한 수요가 0이 되는 곳까지의 거리
③ 배후지 - 중심지에 의해 재화와 서비스를 제공받는 주변지역
④ 도달범위 - 판매자가 정상이윤을 얻을 만큼의 충분한 소비자들을 포함하는 경계까지의 거리
⑤ 중심지 재화 및 서비스 - 배후지에서 중심지로 제공되는 재화 및 서비스

93. 상업입지와 관련하여 학자와 이론의 연결이 틀린 것은?

① 레일리 - 소매인력법칙 : 두 중심지가 소비자에게 미치는 영향력의 크기는 두 중심지의 크기에 비례하고 거리의 제곱에 반비례한다고 보았다.
② 레일리 - 소매인력법칙 : 경쟁관계에 있는 두 소매시장 간 상권의 경계지점을 확인할 수 있도록 소매중력모형을 수정하였다.
③ 레일리 - 소매인력법칙 : 소비자들의 특정 상점의 구매를 설명할 때 실측거리, 시간거리, 매장규모와 같은 공간요인과 함께 효용이라는 비공간요인도 고려하였다.
④ 크리스탈러 - 중심지이론 : 공간적 중심지 규모의 크기에 따라 상권의 규모가 달라진다는 것을 실증하였다.
⑤ 크리스탈러 - 중심지이론 : 재화와 서비스에 따라 중심지가 계층화되며 서로 다른 크기의 도달범위와 최소요구범위를 가진다고 보았다.
⑥ 넬슨 - 소매입지이론 : 특정 점포가 최대 이익을 얻을 수 있는 매출액을 확보하기 위해서는 어떤 장소에 입지하여야 하는지를 제시하였다.

94. 다음 중 유량(flow)의 경제변수는 모두 몇 개인가?

㉠ 주택재고	㉡ 건물 임대료 수입
㉢ 가계의 자산	㉣ 근로자의 임금
㉤ 도시인구 규모	㉥ 신규 주택공급량
㉦ 통화량, 자본총량	㉧ 가계 소비

① 2개 ② 3개 ③ 4개 ④ 5개 ⑤ 6개

95. 아파트 매매시장에서 수요량의 변화와 수요의 변화에 관한 설명으로 틀린 것은?

① 아파트 가격이 하락하여 아파트 수요량이 변화하였다면, 이는 수요량의 변화이다.
② 아파트 가격이 하락하면 수요량의 변화로 아파트 수요곡선상의 이동이 나타난다.
③ 아파트 담보대출 금리가 하락하면 수요의 변화로 수요곡선 자체가 우측 또는 좌측으로 이동하게 된다.
④ 소비자의 소득이 변화하여 종전과 동일한 가격수준에서 아파트 수요곡선이 이동하였다면, 이는 수요의 변화이다.
⑤ 아파트 가격하락에 대한 기대는 아파트 수요곡선상의 변화를 초래한다.

96. 부동산의 수요와 공급에 대한 설명으로 틀린 것은?

① 수요는 소비자가 실제로 구입한 수량을 의미하는 것이 아니라, 의도된 수량을 의미하는 사전적 수량 또는 계획된 수량이다.
② 수요량은 주어진 가격에서 소비자들이 구입하고자 하는 최대 수량이다.
③ 공급량은 주어진 가격수준에서 공급자가 실제로 매도한 최대 수량이다.
④ 수요곡선과 공급곡선이 일치하는 지점의 가격과 거래량을 균형가격, 균형거래량이라고 한다.
⑤ 가격이 상승하면 공급량이 증가한다.
⑥ 가격이 상승하면 수요량은 감소한다.

97. 대체관계와 보완관계에 관한 설명으로 틀린 것은?

① 아파트와 대체관계에 있는 빌라의 가격이 상승하면, 아파트의 수요는 증가한다.
② 아파트와 대체관계에 있는 빌라의 가격이 상승하면, 아파트의 가격은 상승한다.
③ 아파트와 대체관계에 있는 빌라의 수요가 증가하면, 아파트의 수요는 감소한다.
④ 아파트와 보완관계에 있는 주택의 가격이 상승하면, 아파트의 수요는 증가한다.
⑤ 아파트와 보완관계에 있는 주택의 가격이 상승하면, 아파트의 가격은 하락한다.

98. 주의해야 할 지문 (요령 파악)

① 아파트 취득세가 인상되면 (   ) 아파트 가격은 하락한다.
② 건설종사자들의 임금상승은 (   ) 부동산 가격을 상승시킨다.

99. 아파트 시장의 수요를 감소시키는 요인을 모두 고르시오.

① 아파트의 가격 상승
② 건설노동자 임금 상승
③ 수요자의 실질소득 증가
④ 아파트 가격상승의 기대
⑤ 대체주택의 가격 하락
⑥ 시장금리 하락

100. 아파트 시장에서 아파트의 수요곡선을 우측(우상향)으로 이동시킬 수 있는 요인? (평가사 35회)

① 아파트 가격의 하락
② 대체주택 가격의 상승
③ 총부채원리금상환비율(DSR) 규제 완화
④ 가구수 증가
⑤ 모기지 대출(mortgage loan) 금리의 상승
⑥ 수요자의 실질 소득 감소
⑦ 부채감당률(DCR) 규제 강화

101. 최근 출제된 지문들이다. 이에 대한 설명한 것으로 틀린 것은?

① 공급은 불변이고, 수요가 증가하면 균형가격은 상승하고 균형거래량은 증가한다.
② 수요와 공급이 모두 증가하면 균형가격은 알 수 없고, 균형거래량은 증가한다.
③ 수요가 증가하면서 동시에 공급이 증가하면, 균형가격의 변화는 수요와 공급의 변화폭에 의해 결정된다.
④ 수요가 증가하면서 동시에 공급이 감소하면, 균형가격의 변화는 수요와 공급의 변화폭에 의해 결정된다.
⑤ 수요와 공급이 증가하는 경우, 수요의 증가폭이 공급의 증가폭보다 크다면 균형가격은 상승하고 균형거래량은 증가한다.

102. 최근 출제된 지문들이다. 이에 관한 설명으로 옳은 것은?

① 수요가 불변이고 공급이 증가하는 경우, 새로운 균형가격은 상승하고 균형거래량은 증가한다.
② 수요가 가격에 완전탄력적인 경우, 공급이 증가하면 균형가격은 하락하고 균형거래량은 증가한다.
③ 수요와 공급이 감소하는 경우, 수요의 감소폭과 공급의 감소폭이 같다면 균형가격은 불변이고 균형거래량은 감소한다.
④ 공급이 가격에 완전비탄력적인 경우, 수요가 감소하면 균형가격은 감소하고 균형거래량은 증가한다.
⑤ 공급의 감소가 수요의 감소보다 작은 경우, 새로운 균형가격은 상승하고 균형거래량은 감소한다.

103. 공급의 가격탄력성에 따른 수요의 변화에 관한 설명으로 옳은 것은? (중개사 23회)

① 공급이 가격에 대해 완전탄력적인 경우, 수요가 증가하면 균형가격은 상승하고 균형거래량은 감소한다.
② 공급이 가격에 대해 완전탄력적인 경우, 수요가 증가하면 균형가격은 변하지 않고 균형거래량만 증가한다.
③ 공급이 가격에 대해 완전비탄력적인 경우, 수요가 증가하면 균형가격은 하락하고 균형거래량은 변하지 않는다.
④ 공급이 가격에 대해 완전비탄력적인 경우, 수요가 증가하면 균형가격은 상승하고 균형거래량도 증가한다.
⑤ 공급이 가격에 대해 완전비탄력적인 경우, 수요가 증가하면 균형가격은 변하지 않고 균형거래량만 증가한다.

104. 수요와 공급의 탄력성에 관한 설명 중 틀린 것은?

① 수요가 증가할 때 공급의 가격탄력성이 탄력적일수록, 가격은 더 적게 상승한다.
② 공급이 증가할 때 수요의 가격탄력성이 비탄력적일수록, 가격은 더 많이 하락한다.
③ 부동산 수요가 증가할 때 공급이 탄력적일수록 부동산 가격은 덜 상승한다.
④ 부동산 수요가 증가할 때 부동산 공급이 탄력적일수록 부동산 가격상승의 폭은 증가한다.
⑤ 부동산 수요가 증가할 때 부동산 공급곡선이 비탄력적일수록 부동산 가격은 더 크게 상승한다.

105. 부동산 수요와 공급의 탄력성에 관한 설명으로 틀린 것은?

① 수요의 가격탄력성이 탄력적이라는 것은 가격의 변화율에 비해 수요량의 변화율이 많다는 것을 의미한다.
② 공급의 가격탄력성이 비탄력적이라는 것은 가격의 변화율에 비해 공급량의 변화율이 많다는 것을 의미한다.
③ 미세한 가격변화에 수요량이 무한히 크게 변화하는 경우 완전탄력적이다.
④ 물리적 토지공급량이 불변이라면 토지의 물리적 공급은 토지 가격 변화에 대해 완전비탄력적이다.
⑤ 수요의 가격탄력성이 완전탄력적이면 가격의 변화와 상관없이 수요량이 고정된다.
⑥ 수요곡선이 수직선이면 수요의 가격탄력성은 완전비탄력적이다.

106. 부동산 수요와 공급의 탄력성에 관한 설명으로 틀린 것은?

① 용도전환이 용이할수록 공급의 임대료탄력성은 더 비탄력적이다.
② 대체재가 많을수록 수요의 가격탄력성은 더 탄력적이다.
③ 부동산 수요의 가격탄력성은 단기에서 장기로 갈수록 탄력적으로 변하게 된다.
④ 단기공급의 임대료탄력성은 장기공급의 임대료탄력성보다 더 비탄력적이다.
⑤ 생산(공급)에 소요되는 기간이 길수록 공급의 임대료탄력성은 더 비탄력적이다.
⑥ 부동산의 용도전환이 용이하면 할수록 부동산 수요의 가격탄력성이 커진다.
⑦ 건축 인·허가가 어려울수록 공급의 임대료 탄력성은 더 비탄력적이다.

107. 수요의 가격탄력성에 관한 설명으로 틀린 것은?

① 임대 수요가 탄력적일 때, 임대료가 하락하면 임대사업자의 임대수입은 증가한다.
② 수요의 가격탄력성이 1보다 큰 경우 전체수입은 임대료가 상승함에 따라 증가한다.
③ 수요가 비탄력적일 때, 임대료가 상승하면 임대사업자의 임대수입은 증가한다.
④ 수요의 가격탄력성이 비탄력적일 때, 임대료가 하락하면 임대사업자의 임대수입은 감소한다.
⑤ 수요의 임대료탄력성이 '1'(단위탄력적)이라면 임대사업자의 임대수입은 불변이다.

108. 부동산 수요의 가격탄력성에 관한 설명으로 옳지 않은 것은? (평가사 32회)

① 수요곡선 기울기의 절댓값이 클수록 수요의 가격탄력성이 작아진다.
② 임대주택 수요의 가격탄력성이 1보다 작은 경우 임대료가 상승하면 전체수입은 증가한다.
③ 대체재가 많을수록 수요의 가격탄력성이 크다.
④ 일반적으로 부동산의 용도전환 가능성이 클수록 수요의 가격탄력성이 커진다.
⑤ 수요의 가격탄력성이 비탄력적이면 가격의 변화율보다 수요량의 변화율이 더 크다.

109. 다음 중 ㉠과 ㉡에 들어갈 내용은?

> • 지분투자수익률은 (㉠)를 지분투자액으로 나누어서 산정한다.
> • 총투자수익률은 (㉡)을 총투자액으로 나누어서 산정한다.

① ㉠ 가능총소득 ㉡ 세전현금수지
② ㉠ 세전현금수지 ㉡ 순영업소득
③ ㉠ 세후현금수지 ㉡ 세전현금수지
④ ㉠ 유효총소득 ㉡ 순영업소득
⑤ ㉠ 유효총소득 ㉡ 영업경비

110. 지렛대효과(leverage effect)에 대한 설명으로 틀린 것은?

① 정(+)의 레버리지효과는 총자본수익률(종합수익률)이 저당수익률보다 높을 때 발생한다.
② 총자본수익률보다 지분수익률이 높다면 정(+)의 레버리지효과가 발생한 것이다.
③ 총투자수익률보다 저당수익률이 낮다면 정(+)의 레버리지효과가 발생한다.
④ 총자본수익률과 저당수익률이 동일한 경우 부채비율의 변화는 자기자본수익률에 영향을 미치지 못한다.
⑤ 부채비율이 크면 지분수익률이 커질 수 있지만, 마찬가지로 부담해야 할 위험도 커진다.
⑥ 부(−)의 레버리지효과가 발생할 경우 부채비율을 낮추어서 정(+)의 레버리지효과로 전환할 수 있다.

111. 부동산 투자수익률에 관한 설명으로 틀린 것은?

① 기대수익률이 요구수익률보다 높을 경우 투자자는 투자가치가 있는 것으로 판단한다.
② 요구수익률은 투자에 대한 위험이 주어졌을 때, 투자자가 부동산에 대하여 자금을 투자하기 위해 충족되어야 할 최소한의 수익률을 말한다.
③ 무위험(수익)률의 상승은 투자자의 요구수익률을 하락시키는 요인이다.
④ 요구수익률은 투자에 수반되는 위험이 클수록 커진다.
⑤ 실현수익률이란 투자가 이루어지고 난 후 현실적으로 달성된 수익률로서 역사적 수익률을 의미한다.
⑥ 기대수익률이 요구수익률보다 높으면, 대상 부동산에 대하여 수요가 증가하여 기대수익률이 하락한다.
⑦ 투자자의 요구수익률은 투자자금의 기회비용을 의미한다.

112. 부동산 투자에서 위험과 수익에 관한 설명으로 옳지 않은 것은? (평가사 31회)

① 투자자의 요구수익률에는 위험할증률이 포함된다.
② 투자자가 위험기피자일 경우, 위험이 증가할수록 투자자의 요구수익률도 증가한다.
③ 투자자의 개별적인 위험혐오도에 따라 무위험률이 결정된다.
④ 체계적 위험은 분산투자에 의해 제거될 수 없다.
⑤ 위험조정할인율이란 장래 기대소득을 현재가치로 할인할 때 위험한 투자일수록 높은 할인율을 적용하는 것을 말한다.

113. 부동산 투자와 위험에 관한 설명으로 옳은 것은? (평가사 34회)

① 상업용 부동산 투자는 일반적으로 다른 상품에 비하여 초기투자비용이 많이 들며 투자비용의 회수기간이 길지만 경기침체에 민감하지 않아 투자위험이 낮다.

② 시장위험이란 부동산이 위치한 입지여건의 변화 때문에 발생하는 위험으로서, 부동산 시장의 수요·공급과 관련된 상황의 변화와 관련되어 있다.

③ 사업위험이란 부동산 사업 자체에서 발생하는 수익성 변동의 위험을 말하며 시장위험, 입지위험, 관리·운영위험 등이 있다.

④ 법·제도적 위험에는 소유권위험, 정부정책위험, 정치적 위험, 불가항력적 위험, 유동성 위험이 있다.

⑤ 위험과 수익 간에는 부(−)의 관계가 성립한다.

114. 부동산 투자의 위험분석에 관한 설명으로 틀린 것은?

① 표준편차가 작을수록 투자에 수반되는 위험은 커진다.

② 위험회피형 투자자는 변이계수(변동계수)가 작은 투자안을 더 선호한다.

③ 보수적 예측방법은 투자수익의 추계치를 하향 조정함으로써, 미래에 발생할 수 있는 위험을 상당수 제거할 수 있다는 가정에 근거를 두고 있다.

④ 위험조정할인율을 적용하는 방법으로 장래 기대되는 소득을 현재가치로 환산하는 경우, 위험한 투자일수록 낮은 할인율을 적용한다.

⑤ 민감도분석은 투자효과를 분석하는 모형의 투입요소가 변화함에 따라, 그 결과치에 어떠한 영향을 주는가를 분석하는 기법이다.

115. 포트폴리오이론에 관한 설명으로 틀린 것은?

① 분산투자효과는 포트폴리오를 구성하는 투자자산 종목의 수를 늘릴수록 체계적 위험이 감소되어 포트폴리오 전체의 위험이 감소되는 것이다.

② 포트폴리오전략에서 구성자산 간에 수익률이 반대 방향으로 움직일 경우 위험감소의 효과가 크다.

③ 효율적 프런티어(효율적 전선)란 평균−분산 지배원리에 의해 모든 위험수준에서 최대의 기대수익률을 얻을 수 있는 포트폴리오의 집합을 말한다.

④ 효율적 프런티어(효율적 전선)의 우상향에 대한 의미는 투자자가 높은 수익률을 얻기 위해 많은 위험을 감수하는 것이다.

⑤ 경기침체, 인플레이션 심화는 비체계적 위험으로 포트폴리오에 의해 감소시킬 수 있다.

116. 포트폴리오이론에 대한 설명으로 틀린 것은?

① 포트폴리오에 편입되는 자산의 수가 늘어날수록 체계적 위험이 감소되는 것을 포트폴리오 효과라고 한다.

② 포트폴리오에 포함된 개별자산 간 수익률의 상관계수가 '+1'이라면 분산투자효과는 없다.

③ 포트폴리오 전략에서 구성자산 간에 수익률이 반대 방향으로 움직일 경우 위험감소의 효과가 크다.

④ 투자 대안별 수익률 변동이 유사한 추세를 보일 것으로 예측되는 부동산에 분산 투자하는 것이 좋다.

⑤ 효율적 전선을 구성하는 포트폴리오는 동일한 위험에서 최고의 수익률을, 동일한 수익률에서 최소의 위험을 가진 포트폴리오를 의미한다.

117. 화폐의 시간가치에 관한 설명으로 틀린 것은?

① 현재 5억원인 주택이 매년 5%씩 가격이 상승한다고 가정할 때, 10년 후의 주택가격은 일시불의 미래가치계수를 사용하여 계산할 수 있다.
② 매월 말 100만원씩 10년간 들어올 것으로 예상되는 임대료 수입의 현재가치를 계산하려면, 연금의 현재가치계수를 활용한다.
③ 10년 후에 1억원이 될 것으로 예상되는 토지의 현재가치를 계산할 경우, 일시불의 현재가치계수를 사용한다.
④ 은행으로부터 원금균등분할상환 방식의 주택구입자금을 대출한 가구가 매기 상환할 원리금을 산정하는 경우에는 저당상수를 사용한다.
⑤ 10년 후 주택 자금 5억원을 만들기 위해서 매기 적립해야 할 액수는 감채기금계수를 활용하여 구할 수 있다.
⑥ 연금의 현재가치계수와 저당상수는 역수관계이다.

118. 화폐의 시간가치에 관한 설명으로 옳은 것을 모두 고른 것은? (중개사 30회)

㉠ 은행으로부터 주택구입자금을 대출한 가구가 매월 상환할 금액을 산정하는 경우 감채기금계수를 사용한다. ㉡ 연금의 현재가치계수와 저당상수는 역수관계이다. ㉢ 연금의 미래가치란 매 기간마다 일정 금액을 불입해 나갈 때, 미래의 일정시점에서의 원금과 이자의 총액을 말한다. ㉣ 일시불의 현재가치계수는 할인율이 상승할수록 작아진다.

① ㉠　② ㉡, ㉢　③ ㉠, ㉡, ㉣
④ ㉡, ㉢, ㉣　⑤ ㉠, ㉡, ㉢, ㉣

119. 화폐의 시간가치 계산에 관한 설명으로 옳은 것은? (중개사 32회)

① 현재 10억원인 아파트가 매년 2%씩 가격이 상승한다고 가정할 때, 5년 후 아파트 가격을 산정하는 경우 연금의 미래가치계수를 사용한다.
② 원리금균등상환방식으로 담보대출을 받은 가구가 매월 상환할 금액을 산정하는 경우, 일시불의 현재가치계수를 사용한다.
③ 연금의 현재가치계수에 감채기금계수를 곱하면 일시불의 현재가치계수이다.
④ 임대기간 동안 월임대료를 모두 적립할 경우, 이 금액의 현재시점 가치를 산정한다면 감채기금계수를 사용한다.
⑤ 나대지에 투자하여 5년 후 8억원에 매각하고 싶은 투자자는 현재 이 나대지의 구입금액을 산정하는 경우, 저당상수를 사용한다.

120. 부동산 운영수지분석에 관한 설명으로 틀린 것은? (중개사 28회)

① 가능총소득은 단위면적당 추정 임대료에 임대면적을 곱하여 구한 소득이다.
② 유효총소득은 가능총소득에서 공실손실상당액과 불량부채액(충당금)을 차감하고, 기타 수입을 더하여 구한 소득이다.
③ 순영업소득은 유효총소득에 각종 영업외수입을 더한 소득으로 부동산 운영을 통해 순수하게 귀속되는 영업소득이다.
④ 세전현금흐름은 순영업소득에서 부채서비스액을 차감한 소득이다.
⑤ 세후현금흐름은 세전현금흐름에서 영업소득세를 차감한 소득이다.

121. 부동산 투자의 현금흐름추정에 관한 설명으로 틀린 것은? (중개사 30회)

① 순영업소득은 유효총소득에서 영업경비를 차감한 소득을 말한다.

② 영업경비는 부동산 운영과 직접 관련 있는 경비로, 광고비, 전기세, 수선비가 이에 해당된다.

③ 세전현금흐름은 지분투자자에게 귀속되는 세전소득을 말하는 것으로, 순영업소득에 부채서비스액(원리금상환액)을 가산한 소득이다.

④ 세전지분복귀액은 자산의 순매각금액에서 미상환 저당잔액을 차감하여 지분투자자의 몫으로 되돌아오는 금액을 말한다.

⑤ 부동산 투자에 대한 대가는 보유시 대상 부동산의 운영으로부터 나오는 소득이득과 처분시의 자본이득의 형태로 나타난다.

122. 제시된 항목 중 순영업소득을 산정하기 위해 필요한 항목은 모두 몇 개인가?

• 단위당 임대료	• 영업소득세
• 원리금상환액	• 유지·수선비
• 공실률	• 임대주택 재산세

① 2개 ② 3개 ③ 4개 ④ 5개 ⑤ 6개

123. 부동산 투자분석의 현금흐름 계산에서 (가) 순영업소득과 (나) 세전지분복귀액을 산정하는 데 각각 필요한 항목을 모두 고른 것은? (중개사 29회)

㉠ 기타 소득	㉡ 매도비용
㉢ 취득세	㉣ 미상환저당잔금
㉤ 재산세	㉥ 양도소득세

① (가) - ㉢ (나) - ㉣

② (가) - ㉠, ㉤ (나) - ㉡, ㉣

③ (가) - ㉠, ㉤ (나) - ㉡, ㉥

④ (가) - ㉠, ㉢, ㉤ (나) - ㉡, ㉥

⑤ (가) - ㉠, ㉢, ㉤ (나) - ㉡, ㉣, ㉥

124. 부동산 투자의 할인현금흐름기법(DCF)과 관련된 설명으로 옳은 것은?

① 할인현금흐름기법이란 부동산 투자로부터 발생하는 현금흐름을 일정한 할인율로 할인하는 투자의사결정 기법이다.

② 순현재가치(NPV)는 투자자의 내부수익률로 할인한 현금유입의 현가에서 현금유출의 현가를 뺀 값이다.

③ 수익성지수(PI)는 투자로 인해 발생하는 현금유입의 현가에 대한 현금유출의 현가 비율이다.

④ 내부수익률(IRR)은 투자로부터 발생하는 미래 현금흐름의 순현재가치를 1로 만드는 할인율을 말한다.

⑤ 내부수익률법은 투자안의 내부수익률(IRR)을 기대수익률과 비교하여 투자를 결정하는 방법이다.

125. 부동산 투자분석기법에 관한 설명으로 옳은 것을 모두 고른 것은? (평가사 32회)

㉠ 현금유출의 현가합이 4천만원이고 현금유입의 현가합이 5천만원이라면, 수익성지수는 0.8이다. ㉡ 내부수익률은 투자로부터 발생하는 현재와 미래 현금흐름의 순현재가치를 1로 만드는 할인율을 말한다. ㉢ 재투자율로 내부수익률법에서는 요구수익률을 사용하지만, 순현재가치법에서는 시장이자율을 사용한다. ㉣ 내부수익률법, 순현재가치법, 수익성지수법은 할인현금흐름기법에 해당한다. ㉤ 내부수익률법에서는 내부수익률과 요구수익률을 비교하여 투자 여부를 결정한다.

① ㉠, ㉣ ② ㉡, ㉢ ③ ㉣, ㉤
④ ㉠, ㉡, ㉤ ⑤ ㉢, ㉣, ㉤

126. 부동산 투자분석기법에 관한 설명으로 옳은 것은? (중개사 32회)

① 부동산 투자분석기법 중 화폐의 시간가치를 고려한 방법에는 순현재가치법, 내부수익률법, 회계적 이익률법이 있다.
② 내부수익률이란 순현가를 '1'로 만드는 할인율이고, 기대수익률은 순현가를 '0'으로 만드는 할인율이다.
③ 어림셈법 중 순소득승수법의 경우 승수값이 작을수록 자본회수기간이 길어진다.
④ 순현가법에서는 재투자율로 시장수익률을 사용하고, 내부수익률법에서는 요구수익률을 사용한다.
⑤ 내부수익률법에서는 내부수익률이 요구수익률보다 작은 경우 해당 투자안을 선택하지 않는다.

127. 부동산 투자분석기법에 관한 설명으로 옳은 것은? (평가사 33회)

① 투자 규모가 상이한 투자안에서 수익성지수(PI)가 큰 투자안이 순현재가치(NPV)도 크다.
② 서로 다른 투자안 A, B를 결합한 새로운 투자안의 내부수익률(IRR)은 A의 내부수익률과 B의 내부수익률을 합한 값이다.
③ 순현재가치법과 수익성지수법에서는 화폐의 시간가치를 고려하지 않는다.
④ 투자안마다 단일의 내부수익률만 대응된다.
⑤ 수익성지수가 1보다 크면 순현재가치는 0보다 크다.

128. 투자의 타당성 분석에 관한 설명으로 틀린 것은?

① 회수기간은 투자금액을 회수하는 데 걸리는 기간을 말하며, 회수기간법에서는 투자대안 중에서 회수기간이 가장 단기인 투자대안을 선택한다.
② 회계적 이익률법에서는 투자안의 이익률이 목표이익률보다 높은 투자안 중에서 이익률이 가장 높은 투자안을 선택하는 것이 합리적이다.
③ 다른 조건이 일정하다면, 승수가 클수록 보다 좋은 투자대안으로 평가된다.
④ 다른 조건이 일정하다면, 승수가 큰 투자대안일수록 자본회수기간은 길어진다.

129. 투자타당성 평가에 관한 설명으로 틀린 것은?

① '부채감당률'이 1보다 크다는 것은 순영업소득이 대출의 원리금을 상환하고도 잔여액이 있음을 의미한다.
② '대부비율'은 부동산 가격에서 대출금액이 차지하는 비율이다.
③ '부채비율'은 부채에 대한 자기자본의 비율이다.
④ 대부비율이 50%라면, 부채비율은 100%이다.
⑤ '총자산회전율'은 투자된 총자산에 대한 총소득의 비율이며, 총소득으로 가능총소득 또는 유효총소득이 사용된다.
⑥ '채무불이행률'은 유효총소득이 영업경비와 부채서비스액을 감당할 수 있는 능력이 있는지를 측정하는 비율이며, 채무불이행률을 손익분기율이라고도 한다.

130. 부동산 가치와 가격에 관한 설명 중 틀린 것은?

① 가치는 주관적 · 추상적인 개념이고, 가격은 객관적 · 구체적인 개념이다.
② 가치가 상승하면 가격도 상승하고, 가치가 하락하면 가격도 하락한다.
③ 가치는 일정시점에 여러 가지로 존재하지만, 가격은 일정시점에 하나만 존재한다.
④ 가치는 장래 기대 이익으로 추계되는 미래의 값이고, 가격은 실제 거래된 금액으로 과거의 값이다.
⑤ 부동산의 가치는 장래 기대되는 유 · 무형의 편익을 현재가치로 환원한 값인데, 편익에는 금전적인 편익과 비금전적인 편익을 모두 포함한다.

131. 부동산 가치에 관한 설명으로 옳지 않은 것은? (중개사 23회)

① 사용가치는 대상 부동산이 시장에서 매도되었을 때 형성될 수 있는 교환가치와 유사한 개념이다.
② 투자가치는 투자자가 대상 부동산에 대해 갖는 주관적인 가치의 개념이다.
③ 보험가치는 보험금의 산정과 보상에 대한 기준으로 사용되는 가치의 개념이다.
④ 과세가치는 정부에서 소득세나 재산세를 부과하는 데 사용되는 기준이 된다.
⑤ 공익가치는 어떤 부동산의 보존이나 보전과 같은 공공목적의 비경제적 이용에 따른 가치를 의미한다.

132. 부동산 가치발생요인에 관한 설명으로 틀린 것은?

① 효용은 인간의 필요나 욕구를 만족시켜 줄 수 있는 재화의 능력을 의미한다.

② 대상 부동산의 물리적 특성뿐 아니라 공법상의 제한 및 소유권의 법적 특성도 대상의 효용에 영향을 미친다.

③ 상대적 희소성이란 인간의 욕구에 비해 재화의 양이 상대적으로 부족한 상태이다.

④ 유효수요란 대상 부동산을 구매하고자 하는 욕구로, 지불능력(구매력)을 필요로 하는 것은 아니다.

⑤ 일부 학자는 가치발생요인으로 이전성을 추가하기도 하는데, 이전성은 법률적 측면에서의 가치발생요인이다.

133. 가치형성요인?

① 가치형성요인이란 대상 물건의 시장가치에 영향을 미치는 일반요인, 지역요인 및 개별요인 등을 말한다. (○, ×)

134. 부동산 가치의 발생요인에 관한 설명으로 옳지 않은 것은? (평가사 31회)

① 유효수요는 구입의사와 지불능력을 가지고 있는 수요이다.

② 효용(유용성)은 인간의 필요나 욕구를 만족시킬 수 있는 재화의 능력이다.

③ 효용(유용성)은 부동산의 용도에 따라 주거지는 쾌적성, 상업지는 수익성, 공업지는 생산성으로 표현할 수 있다.

④ 부동산은 용도적 관점에서 대체성이 인정되고 있기 때문에 절대적 희소성이 아닌 상대적 희소성을 가지고 있다.

⑤ 이전성은 법률적인 측면이 아닌 경제적인 측면에서의 가치발생요인이다.

135. 감정평가과정상 지역분석과 개별분석에 관한 설명으로 틀린 것은?

① 해당 지역 내 부동산의 표준적 이용과 가격수준 파악을 위해 지역분석이 필요하다.

② 지역분석은 대상 부동산에 대한 미시적·국지적 분석인 데 비하여, 개별분석은 대상지역에 대한 거시적·광역적 분석이다.

③ 인근지역이란 대상 부동산이 속한 지역으로서 부동산의 이용이 동질적이고 가치형성요인 중 지역요인을 공유하는 지역을 말한다.

④ 동일수급권이란 대상 부동산과 대체·경쟁관계가 성립하고 가치 형성에 서로 영향을 미치는 관계에 있는 다른 부동산이 존재하는 권역을 말하며, 인근지역과 유사지역을 포함한다.

⑤ 대상 부동산의 최유효이용을 판정하기 위해 개별분석이 필요하다.

136. 지역분석과 개별분석에 관한 설명으로 옳은 것은? (평가사 30회)

① 지역분석은 일반적으로 개별분석에 선행하여 행하는 것으로 그 지역 내의 최유효이용을 판정하는 것이다.
② 인근지역이란 대상 부동산이 속한 지역으로 부동산의 이용이 동질적이고 가치형성 요인 중 개별요인을 공유하는 지역이다.
③ 유사지역이란 대상 부동산이 속하지 아니하는 지역으로서 인근지역과 유사한 특성을 갖는 지역이다.
④ 개별분석이란 지역분석의 결과로 얻어진 정보를 기준으로 대상 부동산의 가격을 표준화·일반화시키는 작업을 말한다.
⑤ 지역분석시에는 균형의 원칙에, 개별분석시에는 적합의 원칙에 더 유의하여야 한다.

137. 부동산가격원칙에 관한 설명으로 틀린 것은?

① 적합의 원칙이란 부동산의 유용성이 최고도로 발휘되기 위해서는 부동산이 외부환경에 접합하여야 한다는 원칙이다.
② 적합의 원칙은 부동산의 입지와 인근환경의 영향을 고려한다.
③ 적합의 원칙은 지역분석을 하는 경우에 활용된다.
④ 균형의 원칙이란 부동산의 유용성이 최고도로 발휘되기 위해서는 부동산 구성요소의 결합에 균형이 있어야 한다는 원칙이다.
⑤ 균형의 원칙을 적용하는 경우에 균형을 이루지 못하는 과잉부분은 원가법을 적용할 때 경제적 감가로 처리한다.

138. 부동산 평가에서 부동산 가격의 원칙에 관한 설명으로 틀린 것은? (평가사 35회)

① 부동산의 가격이 대체·경쟁관계에 있는 유사한 부동산의 영향을 받아 형성되는 것은 대체의 원칙에 해당된다.
② 부동산의 가격이 경쟁을 통해 초과이윤이 없어지고 적합한 가격이 형성되는 것은 경쟁의 원칙에 해당된다.
③ 부동산의 가격이 부동산을 구성하고 있는 각 요소가 기여하는 정도에 영향을 받아 형성되는 것은 기여의 원칙에 해당된다.
④ 부동산의 가격이 내부적인 요인에 의하여 긍정적 또는 부정적 영향을 받아 형성되는 것은 적합의 원칙에 해당된다.
⑤ 부동산 가격의 제원칙은 최유효이용의 원칙을 상위원칙으로 하나의 체계를 형성하고 있다.

139. 감정평가에 관한 규칙에 규정된 내용이 아닌 것은? (중개사 27회)

① 감정평가법인등은 감정평가 의뢰인이 요청하는 경우에는 대상 물건의 감정평가액을 시장가치 외의 가치를 기준으로 결정할 수 있다.
② 시장가치란 한정된 시장에서 성립될 가능성이 있는 대상 물건의 최고가액을 말한다.
③ 감정평가는 기준시점에서의 대상 물건의 이용상황(불법적이거나 일시적인 이용은 제외한다) 및 공법상 제한을 받는 상태를 기준으로 한다.
④ 둘 이상의 대상 물건이 일체로 거래되거나 대상 물건 상호간에 용도상 불가분의 관계가 있는 경우에는 일괄하여 감정평가할 수 있다.
⑤ 하나의 대상 물건이라도 가치를 달리하는 부분은 이를 구분하여 감정평가할 수 있다.

140. 감정평가에 관한 규칙상 가치에 관한 설명으로 옳지 않은 것은? (평가사 30회)

① 대상 물건에 대한 감정평가액은 시장가치를 기준으로 결정하는 것을 원칙으로 한다.

② 법령에 다른 규정이 있는 경우에는 시장가치 외의 가치를 기준으로 감정평가할 수 있다.

③ 대상 물건의 특성에 비추어 사회통념상 필요하다고 인정되는 경우에는 시장가치 외의 가치를 기준으로 감정평가할 수 있다.

④ 시장가치란 대상 물건이 통상적인 시장에서 충분한 기간 방매된 후 매수인에 의해 제시된 것 중에서 가장 높은 가격을 말한다.

⑤ 감정평가 의뢰인이 요청하여 시장가치 외의 가치로 감정평가하는 경우에는 해당 시장가치 외의 가치의 성격과 특징을 검토하여야 한다.

141. 감정평가에 관한 규칙상 (   ) 안에 들어갈 내용으로 옳은 것은? (중개사 29회)

- 원가방식 : 원가법 및 적산법 등 (㉠)의 원리에 기초한 감정평가방식
- 비교방식 : 거래사례비교법, 임대사례비교법 등 시장성의 원리에 기초한 감정평가방식 및 (㉡)
- (㉢) : 수익환원법 및 수익분석법 등 수익성의 원리에 기초한 감정평가방식

① ㉠ 비용성 ㉡ 공시지가비교법 ㉢ 수익방식
② ㉠ 비교성 ㉡ 공시지가비교법 ㉢ 환원방식
③ ㉠ 비용성 ㉡ 공시지가비교법 ㉢ 환원방식
④ ㉠ 비용성 ㉡ 공시지가기준법 ㉢ 수익방식
⑤ ㉠ 비교성 ㉡ 공시지가기준법 ㉢ 수익방식

142. (   ) 안에 들어갈 내용으로 알맞은 것을 쓰시오. (중개사 26회)

- 원가법은 대상 물건의 재조달원가에 (㉠)을 하여 대상 물건의 가액을 산정하는 감정평가방법이다.
- 거래사례비교법을 적용할 때 (㉡), 시점수정, 가치형성요인 비교 등의 과정을 거친다.
- 수익환원법에서는 장래 산출할 것으로 기대되는 순수익이나 미래의 현금흐름을 환원하거나 (㉢)하여 가액을 산정한다.

㉠ ________, ㉡ ________, ㉢ ________

143. 감정평가에 관한 규칙에 의거하여 공시지가기준법으로 토지를 감정평가하는 경우 필요 항목을 순서대로 나열한 것은? (중개사 25회)

㉠ 비교표준지 선정	㉡ 감가수정
㉢ 감가상각	㉣ 사정보정
㉤ 시점수정	㉥ 지역요인 비교
㉦ 개별요인 비교	㉧ 면적요인 비교
㉨ 그 밖의 요인보정	

① ㉠ − ㉡ − ㉥ − ㉦ − ㉨
② ㉠ − ㉢ − ㉥ − ㉦ − ㉨
③ ㉠ − ㉣ − ㉤ − ㉥ − ㉨
④ ㉠ − ㉣ − ㉦ − ㉧ − ㉨
⑤ ㉠ − ㉤ − ㉥ − ㉦ − ㉨

144. 임대료 감정평가방법이다. ( ) 안에 들어갈 내용으로 옳은 것은? (중개사 27회)

- 적산법 : 적산임료 = 기초가액 × (㉠) + 필요제경비
- 임대사례비교법 : (㉡) = 임대사례의 임대료 × 사정보정치 × 시점수정치 × 지역요인 비교치 × 개별요인 비교치
- (㉢) : 수익임료 = 순수익 + 필요제경비

① ㉠ 기대이율 ㉡ 비준임료 ㉢ 수익분석법
② ㉠ 환원이율 ㉡ 지불임료 ㉢ 수익분석법
③ ㉠ 환원이율 ㉡ 지불임료 ㉢ 수익환원법
④ ㉠ 기대이율 ㉡ 비준임료 ㉢ 수익환원법
⑤ ㉠ 환원이율 ㉡ 실질임료 ㉢ 수익환원법

145. 감정평가에 관한 규칙상 물건별 주된 감정평가방법으로 틀린 것은?

① 토지를 감정평가할 때에 거래사례비교법을 적용하여야 한다.
② 감정평가법인등은 영업권, 특허권, 실용신안권, 디자인권, 상표권, 저작권, 전용측선이용권, 그 밖의 무형자산을 감정평가할 때에 거래사례비교법을 적용하여야 한다.
③ 감정평가법인등은 구분소유권의 대상이 되는 건물부분과 그 대지사용권을 일괄하여 감정평가하는 경우 거래사례비교법을 적용하여야 한다.
④ 감정평가법인등은 임대료를 감정평가할 때에 임대사례비교법을 적용하여야 한다.
⑤ 산림을 감정평가할 때에 산지와 입목을 구분하여 감정평가하여야 한다.
⑥ 자동차의 주된 평가방법과 선박·항공기의 주된 평가방법은 다르다.
⑦ 감정평가법인등은 동산을 감정평가할 때에는 거래사례비교법을 적용하여야 한다. 다만, 본래 용도의 효용가치가 없는 물건은 해체처분가액으로 감정평가할 수 있다.

146. 감정평가에 관한 규칙상 대상 물건별로 정한 주된 감정평가방법이 수익환원법인 대상물건은 모두 몇 개인가?

㉠ 상표권	㉡ 임대료
㉢ 광업재단	㉣ 과수원
㉤ 기업가치	㉥ 자동차
㉦ 선박, 항공기	㉧ 건물

① 2개 ② 3개 ③ 4개 ④ 5개 ⑤ 6개

147. 부동산가격공시에 관한 법률상 표준지공시지가의 효력으로 옳은 것을 모두 고른 것은? (중개사 29회)

> ㉠ 토지시장에 지가정보를 제공
> ㉡ 일반적인 토지거래의 지표
> ㉢ 국가 · 지방자치단체 등이 과세 등의 업무와 관련하여 주택의 가격을 산정하는 경우에 기준
> ㉣ 감정평가법인등이 지가변동률을 산정하는 경우에 기준

① ㉠, ㉡ ② ㉠, ㉣ ③ ㉡, ㉢
④ ㉠, ㉢, ㉣ ⑤ ㉠, ㉡, ㉢, ㉣

148. 개별공시지가에 대한 법조문 중 매년 나오는 지문입니다. 틀린 것은?

① 표준지로 선정된 토지, 조세 또는 부담금 등의 부과대상이 아닌 토지, 그 밖에 대통령령으로 정하는 토지에 대하여는 개별공시지가를 결정 · 공시하지 아니할 수 있다.
② 이 경우 표준지로 선정된 토지에 대하여는 해당 토지의 표준지공시지가를 개별공시지가로 본다.
③ 시장 · 군수 또는 구청장은 공시기준일 이후에 분할 · 합병이 발생한 토지에 대하여는 대통령령이 정하는 날(7월 1일 또는 내년 1월 1일)을 기준으로 하여 개별공시지가를 결정 · 공시하여야 한다.
④ 시장 · 군수 또는 구청장이 개별공시지가를 결정 · 공시하는 경우에는 해당 토지와 유사한 이용가치를 지닌다고 인정되는 하나 또는 둘 이상의 표준지의 공시지가를 기준으로 토지가격비준표를 사용하여 지가를 산정하되, 해당 토지의 가격과 표준지공시지가가 균형을 유지하도록 하여야 한다.

149. 부동산가격공시에 대한 설명으로 틀린 것은?

① 표준주택은 단독주택과 공동주택 중에서 각각 대표성 있는 주택을 선정한다.
② 표준주택을 선정할 때에는 일반적으로 유사하다고 인정되는 일단의 단독주택 및 공동주택에서 해당 일단의 주택을 대표할 수 있는 주택을 선정하여야 한다.
③ 시장 · 군수 또는 구청장이 개별주택가격을 산정하는 경우에는 주택가격비준표를 활용한다.
④ 시장 · 군수 또는 구청장은 일단의 공동주택 중에서 선정한 표준주택에 대하여 매년 공시기준일 현재의 적정가격을 조사 · 평가한다.
⑤ 표준주택으로 선정된 단독주택, 국세 또는 지방세 부과대상이 아닌 단독주택에 대하여는 개별주택가격을 결정 · 공시하지 아니할 수 있다.

150. 부동산가격공시에 관한 법률에 규정된 내용으로 틀린 것은? (중개사 32회)

① 국토교통부장관은 표준주택가격을 조사·산정하고자 할 때에는 한국부동산원에 의뢰한다.
② 표준주택가격은 국가·지방자치단체 등이 그 업무와 관련하여 개별주택가격을 산정하는 경우에 그 기준이 된다.
③ 표준주택으로 선정된 단독주택, 그 밖에 대통령령으로 정하는 단독주택에 대하여는 개별주택가격을 결정·공시하지 아니할 수 있다.
④ 개별주택가격 및 공동주택가격은 주택시장의 가격정보를 제공하고, 국가·지방자치단체 등이 과세 등의 업무와 관련하여 주택의 가격을 산정하는 경우에 그 기준으로 활용될 수 있다.
⑤ 개별주택가격 및 공동주택가격에 이의가 있는 자는 그 결정·공시일부터 30일 이내에 서면으로 시장·군수 또는 구청장에게 이의를 신청할 수 있다.

151. 아파트에 대한 수요의 가격탄력성과 소득탄력성이 각각 0.9와 0.5이다. 아파트 가격이 2% 상승하고 소득이 4% 증가할 경우, 아파트 수요량의 전체 변화율(%)은? (단, 아파트는 정상재이고, 가격탄력성은 절댓값으로 나타내며, 다른 조건은 동일함)

① 0.2% ② 1.4% ③ 1.8% ④ 2.5% ⑤ 3.8%

152. 아파트 수요의 가격탄력성은 0.6, 소득탄력성은 0.4이고, 빌라 가격에 대한 교차탄력성은 0.2이다. 아파트 가격과 빌라 가격이 모두 5% 상승하고, 수요자의 소득이 5% 감소하였다면, 아파트 전체 수요량의 변화율은? (단, 부동산은 모두 정상재이고 서로 대체재이며, 아파트에 대한 수요의 가격탄력성은 절댓값으로 나타내며, 다른 조건은 동일함)

① 2.2% 감소 ② 2.8% 증가 ③ 3.4% 감소
④ 3.6% 증가 ⑤ 4.0% 감소

153. 아파트 가격이 10% 상승할 때, 아파트 수요량이 5% 감소하고 오피스텔 수요량이 8% 증가하였다. 다음 물음에 답하시오.

- (A) 아파트 수요의 가격탄력성
- (B) 아파트 가격에 대한 오피스텔 수요의 교차탄력성
- (C) 아파트에 대한 오피스텔의 관계

① A : 비탄력적, B : 0.5, C : 대체재
② A : 탄력적, B : 0.5, C : 보완재
③ A : 비탄력적, B : 0.8, C : 대체재
④ A : 탄력적, B : 0.8, C : 보완재
⑤ A : 비탄력적, B : 1.0, C : 대체재

154. 다음은 투자사업의 향후 2년간의 현금흐름이다. 투자사업의 순현재가치(NPV)와 수익성지수(PI)는?

- 모든 현금의 유입과 유출은 매년 말에만 발생
- 현금유입은 1년차 2,000만원, 2년차 2,500만원
- 현금유출은 1년차 1,000만원, 2년차 1,500만원
- 1년 후 일시불의 현가계수 0.95
- 2년 후 일시불의 현가계수 0.90

	순현가	수익성지수
①	1,720만원	1.73
②	1,850만원	1.80
③	2,100만원	1.73
④	1,850만원	1.50
⑤	1,720만원	1.62

155. 다음 자료를 통해 산정한 값으로 틀린 것은?

- 총투자액 : 10억원
- 지분투자액 : 6억원
- 세전현금수지 : 6,000만원/년
- 부채서비스액 : 4,000만원/년
- 유효총소득승수 : 5

① 부채비율 : 66.6%
② 유효총소득 : 2억원
③ 세전현금수지승수 : 10
④ 자본환원율 : 8%
⑤ 부채감당률 : 2.5

156. 순소득승수, 채무불이행률, 세후현금흐름승수를 순서대로 나열한 것은?

- 총투자액 : 15억원
- 지분투자액 : 4억원
- 유효총소득승수 : 6
- 영업경비비율(유효총소득 기준) : 40%
- 부채서비스액 : 6천만원/년
- 영업소득세 : 1천만원/년

① 10, 64%, 5 ② 10, 64%, 5.5 ③ 10, 65%, 5.5
④ 11, 65%, 6 ⑤ 11, 66%, 6

157. 50,000,000원의 기존 주택담보대출이 있는 甲은 A은행에서 추가로 주택담보대출을 받고자 한다. 甲이 추가로 대출 가능한 최대금액은?

- 甲 소유주택의 담보평가가격 : 600,000,000원
- 甲의 연간 소득 : 60,000,000원
- 연간 저당상수 : 0.1
- 대출승인기준
  - 담보인정비율(LTV) : 60%
  - 소득대비 부채비율(DTI) : 50%
- 두 가지 대출승인기준을 모두 충족시켜야 함

① 150,000,000원 ② 200,000,000원 ③ 250,000,000원
④ 280,000,000원 ⑤ 310,000,000원

158. 시장가격이 5억원이고 순영업소득이 연 8,000만원인 상가를 보유하고 있는 A가 받을 수 있는 최대 대출가능 금액은?

- 연간 저당상수 : 0.2
- 대출승인조건(모두 충족하여야 함)
  - 담보인정비율(LTV) : 시장가격기준 50% 이하
  - 부채감당률(DCR) : 2 이상

① 1억원 ② 1억 5천만원 ③ 2억원
④ 2억 5천만원 ⑤ 3억원

159. A씨는 8억원의 아파트를 구입하기 위해 은행으로부터 4억원을 대출받았다. 은행의 대출조건이 다음과 같을 때, A씨가 2회차에 상환할 원금과 3회차에 납부할 이자액을 순서대로 나열한 것은?

- 대출금리 : 고정금리, 연 6%
- 대출기간 : 20년
- 저당상수 : 0.087
- 원리금상환조건 : 원리금균등상환방식, 연 단위 매기간 말 상환

① 10,800,000원, 23,352,000원
② 11,448,000원, 22,665,120원
③ 11,448,000원, 23,352,000원
④ 12,134,880원, 22,665,120원
⑤ 12,134,880원, 23,352,000원

160. A씨는 8억원의 아파트를 구입하기 위해 은행으로부터 2억원을 대출받았다. 은행의 대출조건이 다음과 같을 때, A씨의 대출금리는 얼마인가?

- 대출금리 : 고정금리, 연 (?)
- 대출기간 : 20년
- 저당상수 : 0.087
- 1회차 원금상환분 : 540만원
- 원리금상환조건 : 원리금균등상환방식, 연 단위 매기간 말 상환

① 3% ② 3.5% ③ 6% ④ 6.5% ⑤ 7%

161. A씨는 주택을 구입하기 위해 은행으로부터 2억원을 대출받았다. 은행의 대출조건이 다음과 같을 때, A씨가 2회차에 상환할 원리금과 4회차에 납부할 이자액을 순서대로 나열한 것은?

> • 대출금리 : 고정금리, 연 5%
> • 대출기간 : 20년
> • 원리금상환조건 : 원금균등상환방식, 연 단위 매기간 말 상환

① 2,000만원, 950만원　② 1,950만원, 850만원
③ 1,950만원, 900만원　④ 1,900만원, 800만원
⑤ 1,850만원, 750만원

162. A, B도시 사이에 C도시가 위치한다. 레일리(W. Reilly)의 소매인력법칙을 적용할 경우, C도시에서 A, B도시로 구매활동에 유인되는 인구 규모는? (단, C도시의 인구의 50%만이 구매자이고, A, B도시에서만 구매하는 것으로 가정하며, 주어진 조건에 한함)

> • A도시 인구수 : 400,000명
> • B도시 인구수 : 100,000명
> • C도시 인구수 : 100,000명
> • C도시와 A도시 간의 거리 : 10km
> • C도시와 B도시 간의 거리 : 5km

① A : 15,000명　B : 35,000명　② A : 20,000명　B : 30,000명
③ A : 25,000명　B : 25,000명　④ A : 30,000명　B : 20,000명
⑤ A : 35,000명　B : 15,000명

163. 다음 자료를 활용하여 거래사례비교법으로 산정한 토지의 감정평가액은?

> • 대상토지 : A시 B동 150번지, 토지 120m^2 제3종일반주거지역
> • 기준시점 : 2022. 4. 1.
> • 거래사례의 내역
> 　– 소재지 및 면적 : A시 B동 123번지, 토지 100m^2
> 　– 용도지역 : 제3종일반주거지역
> 　– 거래사례가격 : 3억원
> 　– 거래시점 : 2022. 1. 1.
> 　– 거래사례의 사정보정 요인은 없음.
> • 지가변동률(2022. 1. 1. ~ 2022. 4. 1.) : A시 주거지역 4% 상승함.
> • 지역요인 : 대상토지는 거래사례의 인근지역에 위치함.
> • 개별요인 : 대상토지는 거래사례에 비해 5% 열세함.
> • 상승식으로 계산할 것

① 285,680,000원　② 296,400,000원
③ 327,600,000원　④ 355,680,000원
⑤ 360,400,000원

164. 원가법에 의한 대상물건의 적산가액은?

- 신축에 의한 사용승인시점 : 2020. 4. 1.
- 기준시점 : 2022. 4. 1.
- 사용승인시점의 신축공사비 : 3억원(신축공사비는 적정함)
- 공사비 상승률 : 매년 전년대비 5%씩 상승
- 경제적 내용연수 : 50년
- 감가수정방법 : 정액법
- 내용연수 만료시 잔존가치 없음.

① 288,200,000원 ② 302,400,000원 ③ 315,000,000원
④ 317,520,000원 ⑤ 330,750,000원

165. 원가법에 의한 적산가액를 구하면 얼마인가?

- 기준시점 : 2022. 4. 1.
- 10년 전 준공 당시 건축비 – 직접 공사비 150,000,000원
  – 간접 공사비 30,000,000원
  – 개발업자의 이윤 20,000,000원
- 준공시점부터 기준시점까지 건축비는 10% 상승하였다.
- 기준시점 현재 잔존내용연수 : 40년
- 감가수정은 내용연수법 중 정액법을 적용한다.
- 내용연수 만료시 잔존가치율은 10%로 조사되었다.

① 180,000,000원 ② 180,400,000원 ③ 181,400,000원
④ 182,400,000원 ⑤ 200,400,000원

166. 다음의 자료를 활용하여 직접환원법으로 산정한 대상 부동산의 수익가액은?

- 가능총소득: 6,000만원
- 공실손실상당액 및 대손충당금: 가능총소득의 10%
- 수선유지비: 400만원
- 화재보험료: 300만원
- 재산세: 200만원
- 영업소득세: 300만원
- 부채서비스액: 500만원
- 환원율: 10%

① 45,000만원 ② 46,000만원 ③ 47,652만원
④ 48,571만원 ⑤ 49,000만원

167. 다음의 자료를 활용하여 직접환원법으로 산정한 대상 부동산의 수익가액은?

- 가능총소득 : 4,000만원
- 공실 및 대손충당금 : 가능총소득의 10%
- 운영경비 : 가능총소득의 40%
- 대상 부동산의 가치구성비율 : 토지(60%), 건물(40%)
- 토지환원율 : 5%
- 건물환원율 : 10%
- 만원 이하는 절사하여 계산한다.

① 25,730만원 ② 26,000만원 ③ 27,652만원
④ 28,571만원 ⑤ 29,000만원

MEMO

02 2회독 복습문제

1. 한국표준산업분류상 부동산 관리업의 분류체계 또는 세부 예시에 해당하지 않는 것은? (중개사 28회)

① 주거용 부동산 관리
② 비주거용 부동산 관리
③ 사무용 건물 관리
④ 사업시설 유지·관리
⑤ 아파트 관리

2. 한국표준산업분류상 부동산 관련 서비스업에 해당하지 않는 것은? (중개사 31회)

① 부동산 투자 자문업
② 주거용 부동산 관리업
③ 부동산 중개 및 대리업
④ 부동산 개발 및 공급업
⑤ 비주거용 부동산 관리업

3. 부동산의 개념에 대한 설명으로 틀린 것은?

① 부동산을 법률적·경제적·기술적(물리적) 측면 등이 복합된 개념으로 이해하는 것을 부동산의 "복합개념"이라고 한다.
② 토지와 그 토지 위의 정착물이 하나의 결합된 상태로 다루어져 부동산 활동의 대상이 되는 것을 "복합 부동산"이라고 한다.
③ 부동산의 물리적(기술적, 공학적) 개념은 부동산의 유형적 측면을 의미하고, 경제적·법률적 측면은 부동산의 무형적 측면을 의미한다.
④ 협의의 부동산이란 민법상의 개념으로 민법 제99조 제1항에 규정된 '토지 및 정착물'을 말한다.
⑤ 물리적(기술적) 측면의 부동산은 공간, 위치, 환경, 자산 등을 의미한다.
⑥ 협의의 부동산과 등기·등록의 수단을 가진 동산 또는 권리를 합쳐 광의의 부동산이라고 하고, 이는 경제적 측면에서 부동산 개념을 구분한 것이다.
⑦ 「입목에 관한 법률」에 의해 소유권보존등기를 한 입목은 토지와 분리하여 양도할 수 없다.

4. 토지의 일부로 간주되는 정착물에 해당하는 것을 모두 고른 것은? (평가사 35회)

㉠ 가식 중에 있는 수목	㉡ 경작 노력을 요하지 않는 다년생 식물
㉢ 건물	㉣ 소유권보존등기된 입목
㉤ 구거	㉥ 경작된 수확물

① ㉠, ㉥　② ㉡, ㉤　③ ㉢, ㉣
④ ㉣, ㉤　⑤ ㉤, ㉥

5. 부동산의 개념에 관한 설명으로 옳지 않은 것은? (중개사 34회)

① 「민법」상 부동산은 토지 및 그 정착물이다.

② 경제적 측면의 부동산은 부동산 가치에 영향을 미치는 수익성, 수급조절, 시장정보를 포함한다.

③ 물리적 측면의 부동산에는 생산요소, 자산, 공간, 자연이 포함된다.

④ 등기·등록의 공시방법을 갖춤으로써 부동산에 준하여 취급되는 동산은 준부동산으로 간주한다.

⑤ 공간적 측면의 부동산에는 지하, 지표, 공중공간이 포함된다.

6. 부동산과 준부동산에 관한 설명으로 옳은 것은? (다툼이 있으면 판례에 따름) (평가사 29회)

① 신축 중인 건물은 사용승인이 완료되기 전에는 토지와 별개의 부동산으로 취급되지 않는다.

② 개개의 수목은 명인방법을 갖추더라도 토지와 별개의 부동산으로 취급되지 않는다.

③ 토지에 정착된 담장은 토지와 별개의 부동산으로 취급된다.

④ 자동차에 관한 압류등록은 자동차등록원부에 한다.

⑤ 총톤수 10톤 이상의 기선(機船)과 범선(帆船)은 등기가 가능하다.

7. 토지 분류에 대한 설명으로 틀린 것은?

① '나지'란 토지에 건물이나 그 밖의 정착물이 없고 지상권 등 토지의 사용·수익을 제한하는 공법상의 권리가 설정되어 있지 아니한 토지를 말한다.

② '택지'란 주거·상업·공장용지로 조성된 토지를 말한다.

③ 임지지역, 농지지역, 택지지역 등 용도지역 상호간에 용도가 변화되고 있는 지역 내의 토지는 '이행지'이다.

④ 택지지역 내에서 공업지역이 상업지역으로 용도가 전환되고 있는 토지는 '후보지'이다.

⑤ '필지'는 하나의 지번이 붙은 토지의 등기·등록의 단위이며, '획지'는 가격수준이 유사한 일단의 토지이다.

⑥ '맹지'는 타인의 토지에 둘러싸여 도로에 직접 연결되지 않은 토지를 말한다.

⑦ '소지'란 대지 등으로 개발되기 이전의 자연적 상태 그대로의 토지를 의미한다.

8. 부동산 분류에 대한 설명으로 틀린 것은?

① '포락지'는 과거에는 소유권이 인정되는 전·답 등이었으나, 지반이 절토되어 무너져 내린 토지로 바다나 하천으로 변한 토지를 말한다.
② '포락지'는 물에 의한 침식으로 인해 수면 아래로 잠기거나 하천으로 변한 토지를 말한다.
③ '공지'는 건물이 세워지지 않은 미이용 토지의 구획을 의미한다.
④ '공지'는 건부지 중 건물을 제외하고 남은 부분의 토지로, 건축법령에 의한 건폐율 등의 제한으로 인해 필지 내에 비어있는 토지를 말한다.
⑤ '법지'는 소유권이 인정되지 않는 바다와 육지 사이의 해변토지를 말한다.
⑥ 도로의 가장자리 경사지나 대지 사이에 있는 경사지는 소유권이 인정되더라도 활용실익이 적거나 없는 토지이다.

9. 토지의 분류 및 용어 중 특이한 용어를 묶은 것이다. 이에 관한 설명으로 틀린 것은?

① 공유지(共有地)란 1필지의 토지를 2인 이상이 공동으로 소유한 토지이다.
② 표본지는 지가의 공시를 위해 가치형성요인이 같거나 유사하다고 인정되는 일단의 토지 중에서 선정한 토지이다.
③ 일단지란 용도상 불가분의 관계에 있는 2필지 이상의 토지이다.
④ 도시개발사업에 필요한 경비에 충당하기 위해 환지로 정하지 아니한 토지를 체비지(替費地)라 한다.
⑤ 환지란 도시개발사업에서 사업 전 토지의 위치 등을 고려하여 소유자에게 재분배하는 사업 후의 토지이다.

10. 토지의 분류 및 용어에 관한 설명으로 옳은 것을 모두 고른 것은?

(평가사 35회)

㉠ 획지(劃地)는 인위적, 자연적, 행정적 조건에 따라 다른 토지와 구별되는 가격수준이 비슷한 일단의 토지를 말한다. ㉡ 후보지(候補地)는 용도적 지역의 분류 중 세분된 지역 내에서 용도에 따라 전환되는 토지를 말한다. ㉢ 공지(空地)는 관련법령이 정하는 바에 따라 안전이나 양호한 생활환경을 확보하기 위해 건축하면서 남겨놓은 일정 면적의 토지를 말한다. ㉣ 갱지(更地)는 택지 등 다른 용도로 조성되기 이전 상태의 토지를 말한다.

① ㉠　② ㉣　③ ㉠, ㉢
④ ㉡, ㉣　⑤ ㉠, ㉢, ㉣

11. 부동산 특성 중 주의해야 할 내용이다. 이에 대한 설명으로 틀린 것은?

① 부동성은 토지의 지리적 위치 또는 인문적 위치가 고정되어 있음을 의미한다.
② 토지는 부증성의 특성이 있더라도, 토지의 용도적 공급(경제적 공급)은 일반적으로 가능하다.
③ 바다의 매립, 산지의 개간을 통한 농지의 확대는 부증성의 예외라고 할 수 없다.
④ 홍수 등으로 인한 토지의 유실의 경우라도 영속성의 특성은 적용된다.
⑤ 부동산 가치는 '장래 기대이익을 현재가치로 환원한 값'이라고 정의되는데, 이는 영속성의 특성에 기인한다.
⑥ 부동산 거래 정보를 수집하는 것이 쉽지 않고, 정보 수집에 많은 시간과 비용이 소요되는 근거는 개별성에 근거한다.
⑦ 개별성은 토지시장을 불완전경쟁시장으로 만드는 요인이다.

12. 부동산 특성에 대한 설명으로 틀린 것은?

① 부동성은 부동산 시장을 국지화시키는 역할을 하며, 외부효과를 발생시킨다.
② 토지가 물리적으로 연속되어 있다는 인접성은 외부효과의 근거가 된다.
③ 영속성은 부동산 활동에서 감가상각 필요성의 근거가 된다.
④ 영속성(내구성)은 미래의 수익을 가정하고 가치를 평가하는 직접환원법의 적용을 가능하게 한다.
⑤ 부동산의 이득이 소득이득과 자본이득으로 구별되는 근거는 영속성이다.
⑥ 합병 · 분할의 가능성은 토지의 이행과 전환을 가능하게 한다.
⑦ 용도의 다양성은 최유효이용의 판단근거가 된다.

13. 토지의 자연적 특성으로 인해 발생되는 부동산 활동과 현상에 관한 설명으로 옳지 않은 것은?

① 토지의 부증성은 지대 또는 지가를 발생시키며, 최유효이용의 근거가 된다.
② 분할 · 합병의 가능성은 부동산의 가치를 변화시킨다.
③ 토지의 부동성은 지방자치단체의 운영을 위한 부동산 조세 수입의 근거가 될 수 있다.
④ 부동성은 인근지역과 유사지역의 분류를 가능하게 한다.
⑤ 토지의 부증성으로 인해 이용전환을 통한 토지의 용도적 공급을 더 이상 늘릴 수 없다.

14. 토지의 특성과 감정평가에 관한 내용이다. ( )에 들어갈 것으로 옳은 것은? (평가사 35회)

- (㉠)은 부동산 가치를 장래편익의 현재가치로 평가하게 한다.
- (㉡)은 원가방식의 평가를 어렵게 한다.
- (㉢)은 개별요인의 분석과 사정보정을 필요하게 한다.

① ㉠ : 영속성, ㉡ : 부증성, ㉢ : 개별성
② ㉠ : 개별성, ㉡ : 영속성, ㉢ : 부동성
③ ㉠ : 영속성, ㉡ : 개별성, ㉢ : 부증성
④ ㉠ : 부증성, ㉡ : 영속성, ㉢ : 개별성
⑤ ㉠ : 영속성, ㉡ : 개별성, ㉢ : 부동성

15. 주택법령상 주택의 정의에 관한 설명으로 틀린 것은?

① 주택으로 쓰는 1개 동의 바닥면적 합계가 660m^2를 이하이고, 층수가 4개 층 이하인 주택은 다세대주택이다.
② 주택으로 쓰는 층수가 5개 층 이상인 주택은 아파트이다.
③ 준주택은 주택 외의 건축물과 그 부속토지로서 주거시설로 이용가능한 시설 등을 말한다.
④ 민영주택은 국민주택 등을 제외한 주택을 말한다.
⑤ 세대구분형 공동주택은 300세대 미만의 국민주택 규모에 해당하는 주택으로서 단지형 연립주택, 단지형 다세대주택, 소형 주택으로 분류한다.

16. 감정평가사 A가 실지조사를 통해 확인한 1개 동의 건축물 현황이 다음과 같다. 건축법령상 용도별 건축물의 종류는? (평가사 34회)

- 1층 전부를 필로티 구조로 하여 주차장으로 사용하며, 2층부터 5층까지 주택으로 사용함.
- 주택으로 쓰는 바닥면적의 합계가 1,000m^2임.
- 세대수 합계가 16세대로서 모든 세대에 취사시설이 설치됨.

① 아파트
② 기숙사
③ 연립주택
④ 다가구주택
⑤ 다세대주택

17. 공공주택 특별법령상 공공임대주택의 용어 정의로 틀린 것은?

① 공공주택이란 공공주택사업자가 국가 또는 지방자치단체의 재정이나 주택도시기금을 지원받아 건설, 매입 또는 임차하여 공급하는 주택을 말한다.

② 영구임대주택은 국가나 지방자치단체의 재정을 지원받아 최저소득 계층의 주거안정을 위하여 50년 이상 또는 영구적인 임대를 목적으로 공급하는 공공임대주택을 말한다.

③ 국민임대주택은 국가나 지방자치단체의 재정이나 주택도시기금의 자금을 지원받아 저소득 서민의 주거안정을 위하여 10년 이상 장기간 임대를 목적으로 공급하는 공공임대주택을 말한다.

④ 행복주택은 국가나 지방자치단체의 재정이나 주택도시기금의 자금을 지원받아 대학생, 사회초년생, 신혼부부 등 젊은 층의 주거안정을 목적으로 공급하는 공공임대주택을 말한다.

⑤ 분양전환공공임대주택은 일정 기간 임대 후 분양전환할 목적으로 공급하는 공공임대주택을 말한다.

⑥ 기존주택등매입임대주택은 국가나 지방자치단체의 재정이나 주택도시기금의 자금을 지원받아 기존주택 등을 매입하여 저소득층과 청년 및 신혼부부 등에게 공급하는 공공임대주택을 말한다.

⑦ 기존주택전세임대주택은 국가나 지방자치단체의 재정이나 주택도시기금의 자금을 지원받아 기존주택을 임차하여 저소득층과 청년 및 신혼부부 등에게 전대(轉貸)하는 공공임대주택을 말한다.

18. 부동산 시장에 대한 설명으로 옳은 것은?

① 부동산의 비가역성으로 인해 부동산 상품은 비표준화로 복잡·다양하게 나타난다.

② 일반상품의 시장과 달리 조직성을 갖고 지역을 확대하는 특성이 있다.

③ 거래정보의 대칭성으로 인하여 정보수집이 쉽고 은밀성이 축소된다.

④ 부동산 시장은 장기보다 단기에서 공급의 가격탄력성이 크므로 단기 수급조절이 용이하다.

⑤ 일반적으로 부동산 공급에는 상당한 시간이 소요되기 때문에 장기적으로 가격 왜곡 현상이 발생할 수 있다.

⑥ 부동산은 고가의 재화이기 때문에 자금 조달 가능성이 시장 참여에 많은 영향을 미친다.

⑦ 부동산 시장은 시장 참가자가 제한되고, 동질적인 재화가 거래된다는 점에서 불완전경쟁시장이다.

19. 부동산 시장의 특성으로 옳은 것은? (평가사 32회)

① 일반상품의 시장과 달리 조직성을 갖고 지역을 확대하는 특성이 있다.

② 토지의 인문적 특성인 지리적 위치의 고정성으로 인하여 개별화된다.

③ 매매의 단기성으로 인하여 유동성과 환금성이 우수하다.

④ 거래 정보의 대칭성으로 인하여 정보수집이 쉽고 은밀성이 축소된다.

⑤ 부동산의 개별성으로 인한 부동산 상품의 비표준화로 복잡·다양하게 된다.

20. 주거분리 및 주택여과에 관한 설명으로 옳은 것은? (평가사 33회)

① 여과과정이 원활하게 작동하면 신규주택에 대한 정부지원으로 모든 소득계층이 이득을 볼 수 있다.

② 하향여과는 고소득층 주거지역에서 주택의 개량을 통한 가치상승분이 주택개량비용보다 큰 경우에 발생한다.

③ 다른 조건이 동일할 경우 고가주택에 가까이 위치한 저가주택에는 부(−)의 외부효과가 발생한다.

④ 민간주택시장에서 불량주택이 발생하는 것은 시장실패를 의미한다.

⑤ 주거분리현상은 도시지역에서만 발생하고, 도시와 지리적으로 인접한 근린지역에서는 발생하지 않는다.

21. 주택여과에 대한 설명으로 틀린 것은?

① 저소득층 주거지역에서 주택의 보수를 통한 가치상승분이 보수비용보다 작다면 상향여과가 발생할 수 있다.

② 고소득층 주거지역에서 주택의 개량비용이 개량 후 주택가치의 상승분보다 크다면 하향여과과정이 발생하기 쉽다.

22. 주택의 여과과정과 주거분리에 관한 설명으로 틀린 것은?

① 주택의 하향여과과정이 원활하게 작동하면 저급주택의 공급량이 감소한다.

② 공가(空家)의 발생은 주택여과과정의 필수 조건이다.

③ 저소득 가구의 침입과 천이현상으로 인하여 주거입지의 변화가 야기될 수 있다.

④ 주택여과과정은 주택의 질적 변화와 가구의 이동과의 관계를 설명해 준다.

23. 부동산 시장의 효율성에 관한 설명으로 틀린 것은?

① 효율적 시장은 어떤 정보를 지체 없이 가치에 반영하는가에 따라 구분될 수 있다.

② 약성 효율적 시장은 현재의 시장가치가 과거의 추세를 충분히 반영하고 있는 시장이다.

③ 준강성 효율적 시장은 어떤 새로운 정보가 공표되는 즉시 시장가치에 반영되는 시장이다.

④ 약성 효율적 시장의 개념은 준강성 효율적 시장의 성격을 모두 포함하고 있다.

⑤ 강성 효율적 시장은 공표된 것이건 공표되지 않은 것이건 어떠한 정보도 이미 시장가치에 반영되어 있는 시장이다.

⑥ 강성 효율적 시장은 완전경쟁시장의 가정에 가장 근접하게 부합되는 시장이다.

24. 효율적 시장의 유형별 초과이윤 획득 가능성

구 분	과거 정보	현재 정보	미래 정보	정보 분석 방법
약성 효율적 시장		○	○	기본적 분석
준강성 효율적 시장			○	
강성 효율적 시장				

25. 효율적 시장과 관련된 어려운 지문을 나열한 것이다. 틀린 것은?

① 특정 투자자가 얻는 초과이윤이 이를 발생시키는 데 소요되는 정보비용보다 크면 할당(배분) 효율적 시장이 아니다.
② 약성 효율적 시장은 정보비용이 없다는 완전경쟁시장의 조건을 만족한다.
③ 부동산 시장은 주식 시장이나 일반재화 시장보다 더 불완전하지만 할당(배분) 효율성이 달성할 수 있다.
④ 할당 효율적 시장은 완전경쟁시장을 의미하며, 불완전경쟁시장은 할당 효율적 시장이 될 수 없다.
⑤ 준강성 효율적 시장의 개념은 약성 효율적 시장의 성격을 모두 포함하고 있다.
⑥ 완전경쟁시장이나 강성 효율적 시장에서는 할당 효율적인 시장만 존재한다.

26. 다음은 3가지 효율적 시장(A~C)의 유형과 관련된 내용이다. 시장별 해당되는 내용을 〈보기〉에서 모두 찾아 옳게 짝지어진 것은? (중개사 32회)

A. 약성 효율적 시장 B. 준강성 효율적 시장 C. 강성 효율적 시장

<보기>
㉠ 과거의 정보를 분석해도 초과이윤을 얻을 수 없다. ㉡ 현재시점에 바로 공표된 정보를 분석해도 초과이윤을 얻을 수 없다. ㉢ 아직 공표되지 않은 정보를 분석해도 초과이윤을 얻을 수 없다.

① A − ㉠ B − ㉡ C − ㉢
② A − ㉠ B − ㉠, ㉡ C − ㉠, ㉡, ㉢
③ A − ㉢ B − ㉡, ㉢ C − ㉠, ㉡, ㉢
④ A − ㉠, ㉡, ㉢ B − ㉠, ㉡ C − ㉠
⑤ A − ㉠, ㉡, ㉢ B − ㉡, ㉢ C − ㉢

27. 부동산 경기에 대한 설명으로 틀린 것은?

① 부동산 경기순환은 일반경기에 비해 주기는 길고 진폭은 크며, 순환의 각 국면이 불규칙·불명확한 특징을 갖는다.
② 부동산 경기변동은 일반경기에 비해 저점이 깊고 정점이 높은 경향이 있다.
③ 상향시장은 매수자가 중시되는 시장으로 직전 국면의 거래가격은 새로운 거래가격의 상한이 되는 경향이 있다.
④ 하향국면은 매수자가 중시되고, 과거의 거래사례가격은 새로운 거래가격의 상한이 되는 경향이 있다.
⑤ 안정시장에 속하는 시장에는 도심의 위치가 좋고 규모가 적당한 주택이나 점포 등을 예로 들 수 있다.

28. 부동산 경기변동과 중개활동에 관한 설명으로 옳지 않은 것은? (평가사 28회)

① 하향시장의 경우 종전의 거래사례가격은 새로운 매매활동에 있어 가격설정의 상한선이 되는 경향이 있다.
② 상향시장에서 매도자는 가격상승을 기대하여 거래의 성립을 미루려는 반면, 매수자는 거래성립을 앞당기려 하는 경향이 있다.
③ 중개물건 의뢰의 접수와 관련하여 안정기의 경우 공인중개사는 매각의뢰와 매입의뢰의 수집이 다 같이 중요하다.
④ 실수요 증가에 의한 공급부족이 발생하는 경우 공인중개사는 매수자를 확보해두려는 경향을 보인다.
⑤ 일반적으로 부동산 경기는 일반경기에 비하여 경기의 변동폭이 큰 경향이 있다.

29. 거미집 이론에 따를 경우, 수렴형에 해당하는 부동산은 모두 몇 개인가?

- A부동산 : 수요의 가격탄력성 1.1, 공급의 가격탄력성 0.9
- B부동산 : 수요의 가격탄력성 0.8, 공급의 가격탄력성 0.6
- C부동산 : 수요의 가격탄력성 1.3, 공급의 가격탄력성 1.8
- D부동산 : 수요곡선 기울기 '−0.4', 공급곡선 기울기 '+0.6'
- E부동산 : 수요곡선 기울기 '−0.8', 공급곡선 기울기 '+0.6'
- F부동산 : 수요함수($2P = 500 - Qd$), 공급함수($4P = 400 + 4Qs$)
- G부동산 : 수요함수($P = 400 - 2Qd$), 공급함수($2P = 100 + 4Qs$)

① 1개 ② 2개 ③ 3개 ④ 4개 ⑤ 5개

30. 거미집 모형에 관한 설명으로 옳은 것은? (중개사 34회)

① 수요의 가격탄력성이 공급의 가격탄력성보다 크면 발산형이다.
② 가격이 변동하면 수요와 공급은 모두 즉각적으로 반응한다는 가정을 전제하고 있다.
③ 수요곡선의 기울기 절댓값이 공급곡선의 기울기 절댓값보다 작으면 수렴형이다.
④ 수요와 공급의 동시적 관계로 가정하여 균형의 변화를 정태적으로 분석한 모형이다.
⑤ 공급자는 현재와 미래의 가격을 동시에 고려해 미래의 공급을 결정한다는 가정을 전제하고 있다.

31. 부동산 시장에 대한 정부의 공적 개입에 관한 설명으로 틀린 것은?

① 정부가 주택시장에 개입하는 이유는 주택시장에 시장실패의 요인이 있기 때문이다.
② 정부는 시장에서 효율적인 자원배분이 이루어지더라도 개입하는 경우가 있다.
③ 시장기능으로 달성하기 어려운 소득재분배, 공공재의 공급, 경제 안정화 등을 달성하기 위하여 정부가 개입한다.
④ 부동산 투기, 저소득층 주거문제, 부동산자원배분의 비효율성은 정부가 시장에 개입하는 근거가 된다.
⑤ 부동산 시장실패의 대표적인 원인으로 공공재, 외부효과, 정보의 비대칭성이 있다.
⑥ 시장이 자원을 효율적으로 배분하지 못하는 상황을 정부실패라고 한다.
⑦ 정부의 시장 개입이 오히려 전보다 못한 결과를 만들어 내는 경우도 있다.

32. 시장실패의 원인으로 옳지 않은 것은? (평가사 34회)

① 외부효과
② 정보의 대칭성
③ 공공재의 공급
④ 불완전경쟁시장
⑤ 시장의 자율적 조절기능 상실

33. 외부효과에 대한 설명으로 옳은 것은? (평가사 34회)

① 외부효과란 거래 당사자가 시장메카니즘을 통하여 상대방에게 미치는 유리하거나 불리한 효과를 말한다.
② 부(−)의 외부효과는 의도되지 않은 손해를 주면서 그 대가를 지불하지 않는 외부경제라고 할 수 있다.
③ 정(+)의 외부효과는 소비에 있어 사회적 편익이 사적 편익보다 큰 결과를 초래한다.
④ 부(−)의 외부효과에는 보조금 지급이나 조세경감의 정책이 필요하다.
⑤ 부(−)의 외부효과는 사회적 최적생산량보다 시장생산량이 적은 과소생산을 초래한다.

34. 공공재에 대한 설명으로 틀린 것은?

① 공공재는 소비의 경합성과 소비의 배제성이라는 특성을 갖는다.
② '소비의 비배제성'이란 어떤 개인의 소비가 다른 개인의 소비를 감소시키지 않는 특성을 말한다.
③ 공공재는 소비의 비배제성으로 인하여 개인들이 생산비를 부담하지 않고 이를 최대한 이용하려고 하는데, 이를 무임승차자의 문제라고 한다.
④ 공공재의 생산을 시장에 맡길 경우, 공공재는 사회적 적정생산량보다 과소하게 생산되는 경향이 있다.
⑤ 공공재는 정부가 직접 생산하고 공급하는 것이 일반적이다.

35. 부동산 시장에 대한 정부의 개입방식을 직접과 간접으로 구분하는 경우, 정부의 직접개입방식은 모두 몇 개인가?

㉠ 개발부담금	㉡ 토지비축제도(토지은행제도)
㉢ 보조금, 지원금	㉣ 선매제도
㉤ 종합부동산세	㉥ 토지수용
㉦ LTV, DTI 규제	㉧ 분양가상한제

① 2개 ② 3개 ③ 4개 ④ 5개 ⑤ 6개

36. 부동산 시장에 대한 정부의 개입에 관한 설명으로 틀린 것은? (중개사 34회)

① 부동산 투기, 저소득층 주거문제, 부동산자원배분의 비효율성은 정부가 부동산 시장에 개입하는 근거가 된다.
② 부동산 시장실패의 대표적인 원인으로 공공재, 외부효과, 정보의 비대칭성이 있다.
③ 토지비축제도는 공익사업용지의 원활한 공급과 토지시장 안정을 위해 정부가 직접적으로 개입하는 방식이다.
④ 토지수용, 종합부동산세, 담보인정비율, 개발부담금은 부동산 시장에 대한 직접개입수단이다.
⑤ 정부가 주택시장에 개입하여 민간분양주택 분양가를 규제할 경우 주택산업의 채산성·수익성을 저하시켜 신축민간주택의 공급을 축소시킨다.

37. 조세 부과의 효과를 설명한 것으로 틀린 것은?

① 임대주택에 재산세가 부과되면 세금은 장기적으로 임차인에게 전가될 수 있다.
② 공급의 가격탄력성은 탄력적인 반면 수요의 가격탄력성은 비탄력적이라면, 임차인이 임대인보다 더 많은 조세를 실질적으로 부담한다.
③ 주택공급의 동결효과란 가격이 오른 주택의 소유자가 양도소득세를 납부하지 않기 위해서 주택의 처분을 적극적으로 연기하거나 포기하는 현상을 말한다.
④ 주택시장에 동결효과가 발생하면, 주택의 가격은 하락할 수 있다.
⑤ 토지공급의 가격탄력성이 '0'인 경우, 부동산 조세 부과시 토지소유자가 전부 부담하게 된다.

38. 부동산 조세에 관한 설명으로 틀린 것은? (중개사 32회)

① 조세의 중립성은 조세가 시장의 자원배분에 영향을 미치지 않아야 한다는 원칙을 의미한다.
② 양도소득세를 중과하면 부동산의 보유기간이 늘어나는 현상이 발생할 수 있다.
③ 조세의 사실상 부담이 최종적으로 어떤 사람에게 귀속되는 것을 조세의 귀착이라 한다.
④ 양도소득세는 양도로 인해 발생하는 소득에 대해 부과되는 것으로 타인에게 전가될 수 있다.
⑤ 재산세와 종합부동산세는 보유세로서 지방세이다.

39. 부동산 조세에 관한 설명으로 옳은 것을 모두 고른 것은? (중개사 33회)

㉠ 양도소득세와 부가가치세는 국세에 속한다.
㉡ 취득세와 등록면허세는 지방세에 속한다.
㉢ 상속세와 재산세는 부동산의 취득단계에 부과한다.
㉣ 증여세와 종합부동산세는 부동산의 보유단계에 부과한다.

① ㉠ ② ㉠, ㉡ ③ ㉡, ㉣
④ ㉠, ㉢, ㉣ ⑤ ㉡, ㉢, ㉣

40. 우리나라의 부동산 조세제도에 관한 설명으로 틀린 것은? (평가사 32회)

① 양도소득세와 취득세는 신고납부방식이다.
② 취득세와 증여세는 부동산의 취득단계에 부과한다.
③ 양도소득세와 종합부동산세는 국세에 속한다.
④ 상속세와 증여세는 누진세율을 적용한다.
⑤ 종합부동산세와 재산세의 과세기준일은 매년 6월 30일이다.

41. 부동산 조세정책에 관한 설명으로 옳은 것을 모두 고른 것은? (평가사 34회)

㉠ 부가가치세와 등록면허세는 국세에 속한다.
㉡ 재산세와 상속세는 신고납부방식이다.
㉢ 증여세와 재산세는 부동산의 보유단계에 부과한다.
㉣ 상속세와 증여세는 누진세율을 적용한다.

① ㉣ ② ㉠, ㉣ ③ ㉡, ㉢
④ ㉠, ㉡, ㉢ ⑤ ㉡, ㉢, ㉣

42. 임대주택정책의 효과에 관한 설명으로 틀린 것은?

① 임대료 상한을 균형임대료 이하로 규제하면 임대주택의 초과공급 현상이 나타난다.
② 정부가 임대료를 균형임대료 이하로 규제할 때, 임대주택의 사업성이 악화되기 때문에 장기적으로 임대주택의 물량이 감소한다.
③ 정부가 최고임대료를 시장 균형임대료보다 높게 설정하면, 임대주택의 물량이 감소한다.
④ 임대료 규제는 임대부동산을 질적으로 향상시키고 기존 세입자의 주거이동을 촉진시킨다.
⑤ 임대료 보조정책은 저소득층의 실질소득을 증가시키는 효과를 가지며, 다른 조건이 같을 경우, 임대주택의 수요를 증가시킨다.
⑥ 임대료 보조정책은 다른 조건이 같을 경우, 장기적으로 임대주택의 공급을 감소시킬 수 있다.

43. **분양주택정책에 관한 설명으로 틀린 것은?**

① 분양가상한제의 목적은 주택가격을 안정시키고 무주택자의 신규주택 구입부담을 경감시키기 위해서이다.
② 선분양제도는 준공 전 분양대금이 유입되므로 사업자의 초기자금부담을 완화시킬 수 있다.
③ 주택선분양제도는 후분양제도에 비해 주택공급을 감소시켜 주택시장을 위축시킬 가능성이 더 큰 편이다.
④ 주택법령상 분양가상한제 적용주택 및 그 주택의 입주자로 선정된 지위에 대하여 전매를 제한할 수 있다.
⑤ 주택법령상 분양가상한제 적용주택의 분양가격은 택지비와 건축비로 구성된다.

44. **주거정책에 관한 설명으로 틀린 것을 모두 고른 것은?** (중개사 34회)

> ㉠ 우리나라는 주거에 대한 권리를 인정하고 있지 않다.
> ㉡ 공공임대주택, 주거급여제도, 주택청약종합저축제도는 현재 우리나라에서 시행되고 있다.
> ㉢ 주택바우처는 저소득임차가구에 주택임대료를 일부 지원해주는 소비자보조방식의 일종으로 임차인의 주거지 선택을 용이하게 할 수 있다.
> ㉣ 임대료보조정책은 민간임대주택의 공급을 장기적으로 감소시키고 시장임대료를 높인다.
> ㉤ 임대료를 균형가격 이하로 통제하면 민간임대주택의 공급량은 증가하고 질적 수준은 저하된다.

① ㉠, ㉡, ㉤ ② ㉠, ㉢, ㉤ ③ ㉠, ㉣, ㉤
④ ㉡, ㉢, ㉣ ⑤ ㉢, ㉣, ㉤

45. (암기해야 할 주택정책 관련 용어) / **정책에 관한 설명으로 틀린 것은?**

① 주택바우처(housing voucher)는 임대료 보조정책의 하나이다.
② 주택정책은 주거안정을 보장해준다는 측면에서 복지기능도 수행한다.
③ 소득대비 주택가격비율(PIR)과 소득대비 임대료비율(RIR)은 주택시장에서 가구의 지불능력을 측정하는 지표이다.
④ 공공임대주택 공급정책은 입주자가 주거지를 자유롭게 선택할 수 있는 것이 장점이다.
⑤ 주거복지정책상 주거급여제도는 소비자보조방식의 일종이다.

46. 토지은행제도(공공토지비축제도)에 관한 설명으로 틀린 것은? (중개사 28회)

① 토지비축제도는 정부가 직접적으로 부동산 시장에 개입하는 정책수단이다.

② 토지비축제도의 필요성은 토지의 공적 기능이 확대됨에 따라 커질 수 있다.

③ 토지비축사업은 토지를 사전에 비축하여 장래 공익사업의 원활한 시행과 토지시장의 안정에 기여할 수 있다.

④ 토지비축제도는 사적 토지소유의 편중현상으로 인해 발생 가능한 토지보상비 등의 고비용 문제를 완화시킬 수 있다.

⑤ 공공토지의 비축에 관한 법령상 비축토지는 각 지방자치단체에서 직접 관리하기 때문에 관리의 효율성을 기대할 수 있다.

47. 부동산 거래규제에 관한 설명으로 틀린 것은? (중개사 32회)

① 주택취득시 자금조달계획서의 제출을 요구하는 것은 주택취득을 제한하는 방법이라 볼 수 있다.

② 투기지역으로 지정되면 그 지역에서 건설·공급하는 도시형 생활주택에 대해 분양가상한제가 적용된다.

③ 농지취득자격증명제는 농지취득을 제한하는 제도다.

④ 토지거래허가구역으로 지정된 지역에서 토지거래계약을 체결할 경우 시장·군수 또는 구청장의 허가를 받아야 한다.

⑤ 부동산거래신고제는 부동산 매매계약을 체결하는 경우 그 실제 거래가격 등을 신고하게 하는 제도다.

48. 최근 정책 관련 기출 지문이다. 틀린 지문을 모두 고르시오.

① 토지거래허가구역은 토지의 투기적인 거래가 성행하거나 지가가 급격히 상승하는 지역과 그러한 우려가 있는 지역을 대상으로 한다.

② 토지적성평가제도는 토지에 대한 개발과 보전의 경합이 발생했을 때 이를 합리적으로 조정하는 수단이다.

③ 개발권양도제는 개발사업의 시행으로 이익을 얻은 사업시행자로부터 개발이익의 일정액을 환수하는 제도이다.

④ 개발부담금제는 개발이 제한되는 지역의 토지소유권에서 개발권을 분리하여 개발이 필요한 다른 지역에 개발권을 양도할 수 있도록 하는 제도이다.

⑤ 토지선매에 있어 시장·군수·구청장은 토지거래계약허가를 받아 취득한 토지를 그 이용목적대로 이용하고 있지 아니한 토지에 대해서 선매자에게 강제로 수용하게 할 수 있다.

⑥ 부동산 거래당사자는 그 실제 거래가격 등을 거래계약의 체결일부터 30일 이내에 공동으로 신고해야 한다.

49. 현재 우리나라에서 시행하지 않는 부동산 정책은 모두 몇 개인가?

㉠ 개발권양도제도	㉡ 공한지세
㉢ 토지거래허가제	㉣ 택지소유상한제
㉤ 분양가상한제	㉥ 개발이익환수제
㉦ 실거래가신고제	㉧ 재건축초과이익환수제도
㉨ 부동산실명제	㉩ 주거급여제도

① 1개 ② 2개 ③ 3개 ④ 4개 ⑤ 5개

50. 현재 우리나라에서 시행하지 않는 부동산 정책은 모두 몇 개인가? (중개사 34회)

㉠ 택지소유상한제	㉡ 부동산거래신고제
㉢ 토지초과이득세	㉣ 주택의 전매제한
㉤ 부동산실명제	㉥ 토지거래허가구역
㉦ 종합부동산세	㉧ 공한지세

① 1개 ② 2개 ③ 3개 ④ 4개 ⑤ 5개

51. 부채금융(debt financing)에 해당하는 것을 모두 고른 것은? (중개사 32회)

> ㉠ 주택저당대출
> ㉡ 조인트 벤처(joint venture)
> ㉢ 신탁증서금융
> ㉣ 자산담보부기업어음(ABCP)
> ㉤ 부동산투자회사(REITs)

① ㉠, ㉡, ㉢ ② ㉠, ㉡, ㉣ ③ ㉠, ㉢, ㉣
④ ㉡, ㉢, ㉤ ⑤ ㉢, ㉣, ㉤

52. 금융에 관한 설명으로 틀린 것은?

① 총부채원리금상환비율(DSR)과 담보인정비율(LTV)은 소득기준으로 채무불이행위험을 측정하는 지표이다.
② 대출수수료를 부담하는 경우 차입자의 실효이자율은 상승한다.
③ 주택금융시장은 금융기관이 수취한 예금 등으로 주택담보대출을 제공하는 주택자금 공급시장, 투자자로부터 자금을 조달하여 주택자금을 대출기관에 공급해주는 주택자금 대출시장 등으로 구분할 수 있다.
④ 공공주택금융은 일반적으로 민간주택금융에 비하여 대출금리가 낮고 대출기간도 장기이다.
⑤ 주택연금이란 주택을 금융기관에 담보로 맡기고, 금융기관으로부터 연금과 같이 매월 노후생활자금을 대출받는 제도다.

53. 대출의 위험에 관한 설명으로 틀린 지문은?

① 장래에 인플레이션이 예상되는 경우, 대출자(은행)는 고정금리 대신 변동금리로 대출하기를 선호한다.

② 차입자에게 고정금리대출을 실행하면 대출자의 인플레이션 위험은 낮아진다.

③ 시장이자율이 대출약정이자율보다 낮아지면 차입자는 기존대출금을 조기상환하는 것이 유리하다.

④ 시장이자율 하락시 고정금리대출을 실행한 대출기관은 차입자의 조기상환으로 인한 위험이 커진다.

⑤ 대출기관은 대출의 위험을 줄이기 위해 부채감당률이 1.0 이상이 되는 투자안을 선택한다.

54. 고정금리대출과 변동금리대출에 관한 설명으로 틀린 것은?

① 일반적으로 다른 조건이 동일하다면, 고정금리상품의 대출금리가 변동금리상품의 대출금리보다 높다.

② 변동금리대출은 시장상황에 따라 이자율을 변동시킬 수 있으므로 기준금리 외에 가산금리는 별도로 고려하지 않는다.

③ 변동금리대출의 경우 시장이자율 상승시 이자율 조정주기가 짧을수록 대출기관에게 유리하다.

55. 저당상환방법에 관한 설명 중 틀린 것은?

① 원리금균등상환방식은 매기 이자상환액이 감소하는 만큼 원금상환액이 증가한다.

② 원리금균등상환방식의 경우, 매기간에 상환하는 원금상환액이 점차적으로 감소한다.

③ 원금균등상환방식의 경우, 매기간에 상환하는 원리금상환액과 대출잔액이 점차적으로 감소한다.

④ 점증(체증)상환방식의 경우, 미래 소득이 증가될 것으로 예상되는 젊은 차입자에게 적합하다.

⑤ 체증식(점증식) 상환방식의 경우, 부(負)의 상환이 발생할 수 있다.

56. 대출상환방식에 관한 설명으로 틀린 것은?

① 대출기간 초기에는 원금균등분할상환방식의 원리금이 원리금균등분할상환방식의 원리금보다 많다.

② 원금균등상환방식은 원리금균등상환방식에 비해 대출기간 전체의 누적이자액이 더 크다.

③ 중도상환시 차입자가 상환해야 하는 저당잔금은 원리금균등분할상환방식이 원금균등분할상환방식보다 많다.

④ 대출금을 조기상환하는 경우 원리금균등상환방식에 비해 원금균등상환방식의 상환액이 더 적다.

⑤ 대출실행시점에서 총부채상환비율(DTI)은 원금균등상환방식이 원리금균등상환방식보다 크다.

57. **주택금융의 상환방식에 관한 설명으로 옳지 않은 것은?** (평가사 34회)

① 만기일시상환방식은 대출만기 때까지는 원금상환이 전혀 이루어지지 않기에 매월 내는 이자가 만기 때까지 동일하다.

② 원금균등분할상환방식은 대출 초기에 대출원리금의 지급액이 가장 크기에 차입자의 원리금지급 부담도 대출 초기에 가장 크다.

③ 원리금균등분할상환방식은 매기의 대출원리금이 동일하기에 대출 초기에는 대체로 원금상환 부분이 작고 이자지급 부분이 크다.

④ 점증상환방식은 초기에 대출이자를 전부 내고, 나머지 대출원금을 상환하는 방식으로 부의 상환(negative amortization)이 일어날 수 있다.

⑤ 원금균등분할상환방식이나 원리금균등분할상환방식에서 거치기간을 별도로 정할 수 있다.

58. **대출상환방식에 관한 설명으로 옳지 않은 것은?** (평가사 33회)

① 원금균등분할상환방식은 만기에 가까워질수록 차입자의 원리금상환액이 감소한다.

② 원리금균등분할상환방식은 만기에 가까워질수록 원리금상환액 중 원금의 비율이 높아진다.

③ 대출조건이 동일하다면 대출기간 동안 차입자의 총원리금상환액은 원금균등분할상환방식이 원리금균등분할상환방식보다 크다.

④ 차입자의 소득에 변동이 없는 경우 원금균등상환방식의 총부채상환비율(DTI)은 만기에 가까워질수록 낮아진다.

⑤ 차입자의 소득에 변동이 없는 경우 원리금균등분할상환방식의 총부채상환비율(DTI)은 대출기간 동안 일정하게 유지된다.

59. **모기지(mortgage) 유동화에 관한 설명으로 틀린 것은?**

① MPTS의 조기상환위험은 투자자가 부담한다.

② MBB의 발행자는 최초의 주택저당채권 집합물에 대한 소유권을 갖는다.

③ MPTB는 MPTS(지분형 증권)와 MBB(채권형 증권)를 혼합한 특성을 지닌다.

④ MPTB의 경우, 조기상환위험은 증권발행자가 부담한다.

⑤ MPTB의 발행자는 최초의 주택저당채권 집합물에 대한 소유권을 갖는다.

60. **부동산 증권에 관한 설명으로 틀린 것은?**

① 유동화란 은행 등 대출기관의 유동성을 풍부하게 하기 위해 도입된 제도이다.

② 주택저당증권(MBS)은 금융기관 등이 주택자금을 대출하고 취득한 주택저당채권을 유동화전문회사 등이 양수하여 이를 기초로 발행하는 증권을 의미한다.

③ 자산유동화증권(ABS)은 금융기관 및 기업이 보유하고 있는 매출채권, 부동산저당채권 등 현금흐름이 보장되는 자산을 담보로 발행하는 증권을 의미한다.

④ CMBS(commercial mortgage backed securities)란 금융기관이 보유한 상업용 부동산 모기지(mortgage)를 기초자산으로 하여 발행하는 증권이다.

61. 다음은 어려운 기출지문이다. 부동산 증권에 관한 설명으로 틀린 것은?

① MBB는 채권형 증권으로 발행자는 초과담보를 제공하는 것이 일반적이다.

② MBB는 주택저당대출차입자의 채무불이행이 발생하더라도 MBB에 대한 원리금을 발행자가 투자자에게 지급하여야 한다.

③ MBB(mortgage backed bond)의 경우, 발행자에게 신용보강을 위한 초과담보가 필요하지 않다.

④ MPTS는 주택담보대출의 원리금이 회수되면, MPTS의 원리금으로 지급되므로 유동화기관의 자금관리 필요성이 원칙적으로 제거된다.

⑤ MPTS는 지분을 나타내는 증권으로서 유동화기관의 부채로 표기되지 않는다.

62. 부동산 증권에 관한 설명으로 옳지 않은 것은? (평가사 33회)

① 한국주택금융공사는 유동화 증권의 발행을 통해 자본시장에서 정책모기지 재원을 조달할 수 있다.

② 금융기관은 주택저당증권(MBS)을 통해 유동성 위험을 감소시킬 수 있다.

③ 저당담보부채권(MBB)의 투자자는 채무불이행위험을 부담한다.

④ 다계층증권(CMO)은 동일한 저당풀(mortgage pool)에서 상환우선순위와 만기가 다른 다양한 증권을 발행할 수 있다.

⑤ 지불이체채권(MPTB)의 투자자는 조기상환위험을 부담한다.

63. 부동산투자회사에 관한 설명으로 틀린 것은?

① 부동산투자회사는 주식회사로 하며, 그 상호에 부동산투자회사라는 명칭을 사용하여야 한다.

② 부동산투자회사는 「부동산투자회사법」에서 특별히 정한 경우를 제외하고는 「상법」의 적용을 받는다.

③ 기업구조조정 부동산투자회사는 자산운용전문인력을 포함한 임직원을 상근으로 두고 자산의 투자·운용을 직접 수행하는 회사이다.

④ 위탁관리 부동산투자회사는 본점 외의 지점을 설치할 수 없으며 직원을 고용하거나 상근 임원을 둘 수 없다.

⑤ 위탁관리 부동산투자회사는 자산의 투자·운용업무를 자산관리회사에 위탁하여야 한다.

64. 우리나라 부동산투자회사(REITs)에 관한 설명 중 틀린 것은?

① 자기관리 부동산투자회사의 설립자본금은 5억원 이상이다.

② 부동산투자회사는 발기설립의 방법으로 하여야 하며, 현물출자에 의한 설립이 가능하다.

③ 감정평가사 또는 공인중개사로서 해당 분야에 5년 이상 종사한 사람은 자기관리 부동산투자회사의 상근 자산운용전문인력이 될 수 있다.

④ 영업인가를 받은 날부터 6개월이 지난 자기관리 부동산투자회사의 자본금은 70억원 이상이 되어야 한다.

⑤ 부동산투자회사는 최저자본금준비기간이 끝난 후에는 매 분기 말 현재 총자산의 100분의 80 이상을 부동산, 부동산 관련 증권 및 현금으로 구성하여야 한다. 이 경우 총자산의 100분의 70 이상은 부동산(건축 중인 건물을 포함한다)이어야 한다.

65. 「부동산투자회사법」상 위탁관리 부동산투자회사에 관한 설명으로 틀린 것은? (중개사 30회)

① 주주 1인당 주식소유의 한도가 제한된다.
② 주주를 보호하기 위해서 직원이 준수해야 할 내부통제기준을 제정하여야 한다.
③ 자산의 투자·운용을 자산관리회사에 위탁하여야 한다.
④ 주요 주주의 대리인은 미공개 자산운용정보를 이용하여 부동산을 매매하거나 타인에게 이용하게 할 수 없다.
⑤ 설립자본금은 3억원 이상으로 한다.

66. 「부동산투자회사법」상 부동산투자회사에 관한 설명으로 옳은 것은? (평가사 33회)

① 최저자본금준비기간이 지난 위탁관리 부동산투자회사의 자본금은 70억원 이상이 되어야 한다.
② 자기관리 부동산투자회사의 설립자본금은 3억원 이상으로 한다.
③ 자기관리 부동산투자회사에 자산운용전문인력으로 상근하는 감정평가사는 해당 분야에 3년 이상 종사한 사람이어야 한다.
④ 최저자본금준비기간이 끝난 후에는 매 분기 말 현재 총자산의 100분의 80 이상이 부동산(건축 중인 건축물 포함)이어야 한다.
⑤ 위탁관리 부동산투자회사는 해당 연도 이익을 초과하여 배당할 수 있다.

67. 프로젝트 금융에 관한 설명으로 옳은 것은? (평가사 34회)

① 기업 전체의 자산 또는 신용을 바탕으로 자금을 조달하고, 기업의 수익으로 원리금을 상환하거나 수익을 배당하는 방식의 자금조달기법이다.
② 프로젝트 사업주는 기업 또는 개인일 수 있으나, 법인은 될 수 없다.
③ 프로젝트 사업주는 대출기관으로부터 상환청구를 받지는 않으나, 이러한 방식으로 조달한 부채는 사업주의 재무상태표에는 부채로 계상된다.
④ 프로젝트 회사가 파산 또는 청산할 경우, 채권자들은 프로젝트 회사에 대해 원리금상환을 청구할 수 없다.
⑤ 프로젝트 사업주의 도덕적 해이를 방지하기 위해 금융기관은 제한적 소구금융의 장치를 마련해두기도 한다.

68. 프로젝트 사업주(sponsor)가 특수목적회사인 프로젝트회사를 설립하여 특정 프로젝트 수행에 필요한 자금을 금융회사로부터 대출받는 방식의 프로젝트 파이낸싱(PF)에 관한 설명으로 옳은 것을 모두 고른 것은? (단, 프로젝트 사업주가 프로젝트회사를 위해 보증이나 담보제공을 하지 않음) (평가사 29회)

ㄱ 일정한 요건을 갖춘 프로젝트회사는 법인세 감면을 받을 수 있다.
ㄴ 프로젝트 사업주의 재무상태표에 해당 부채가 표시되지 않는다.
ㄷ 금융회사는 담보가 없어 위험이 높은 반면 대출이자율을 높게 할 수 있다.
ㄹ 프로젝트회사가 파산하더라도 금융회사는 프로젝트 사업주에 대해 원리금 상환을 청구할 수 없다.

① ㄱ, ㄴ, ㄷ ② ㄱ, ㄴ, ㄹ ③ ㄱ, ㄷ, ㄹ
④ ㄴ, ㄷ, ㄹ ⑤ ㄱ, ㄴ, ㄷ, ㄹ

69. 부동산 개발의 위험에 대한 설명으로 틀린 것은?

① 「부동산개발업의 관리 및 육성에 관한 법률」상 부동산 개발은 시공을 담당하는 행위를 제외한다.

② 개발비용이 예상했던 것 이상으로 증가하면 개발의 타당성이 낮아지는데, 이러한 위험을 비용 위험이라고 한다.

③ 토지이용계획이 확정된 토지를 구입하는 것은 비용 위험을 줄이기 위한 대안이 될 수 있다.

70. 다음은 부동산 개발과정에 내재하는 위험에 관한 설명이다. ( )에 들어갈 내용으로 옳게 연결된 것은? (평가사 28회)

> • (㉠)은 정부의 정책이나 용도지역제와 같은 토지이용규제의 변화로 인해 발생하기도 한다.
> • (㉡)은 개발된 부동산이 분양이나 임대가 되지 않거나, 계획했던 가격 이하나 임대료 이하로 매각되거나 임대되는 경우를 말한다.
> • (㉢)은 인플레이션이 심할수록, 개발기간이 연장될수록 더 커진다.

① ㉠ 법률적 위험 ㉡ 시장 위험 ㉢ 비용 위험
② ㉠ 법률적 위험 ㉡ 관리 위험 ㉢ 시장 위험
③ ㉠ 사업 위험 ㉡ 계획 위험 ㉢ 비용 위험
④ ㉠ 계획 위험 ㉡ 시장 위험 ㉢ 비용 위험
⑤ ㉠ 시장 위험 ㉡ 계획 위험 ㉢ 사업 위험

71. 부동산 개발사업의 타당성 분석과 관련하여 다음의 설명에 해당하는 ( )에 알맞은 용어는? (중개사 31회)

> • (㉠) : 특정 부동산이 가진 경쟁력을 중심으로 해당 부동산이 분양될 수 있는 가능성을 분석하는 것
> • (㉡) : 타당성 분석에 활용된 투입요소의 변화가 그 결과치에 어떠한 영향을 주는가를 분석하는 기법

㉠ __________, ㉡ __________

72. 부동산 개발의 타당성 분석 유형을 설명한 것이다. ( )에 들어갈 내용으로 옳게 연결된 것은? (평가사 33회)

> • (㉠)은 부동산이 현재나 미래의 시장상황에서 매매 또는 임대될 수 있는 가능성을 분석하는 것이다.
> • (㉡)은 개발업자가 대상부동산에 대해 수립한 사업안들 중에서 최유효이용을 달성할 수 있는 방식을 판단할 수 있도록 자료를 제공해 주는 것이다.
> • (㉢)은 주요 변수들의 초기 투입값을 변화시켜 적용함으로써 낙관적 또는 비관적인 상황에서 발생할 수 있는 수익성 및 부채상환능력 등을 예측하는 것이다.

① ㉠ 시장성분석 ㉡ 민감도분석 ㉢ 투자분석
② ㉠ 민감도분석 ㉡ 투자분석 ㉢ 시장성분석
③ ㉠ 투자분석 ㉡ 시장성분석 ㉢ 민감도분석
④ ㉠ 시장성분석 ㉡ 투자분석 ㉢ 민감도분석
⑤ ㉠ 민감도분석 ㉡ 시장성분석 ㉢ 투자분석

73. 부동산 개발의 분류상 다음 (　　)에 들어갈 내용으로 옳은 것은? (중개사 31회)

토지소유자가 조합을 설립하여 농지를 택지로 개발한 후 보류지(체비지 · 공공시설 용지)를 제외한 개발토지 전체를 토지소유자에게 배분하는 방식 • 개발 형태에 따른 분류 : (㉠) • 토지취득방식에 따른 분류 : (㉡)

① ㉠ 신개발방식, ㉡ 수용방식
② ㉠ 재개발방식, ㉡ 환지방식
③ ㉠ 신개발방식, ㉡ 혼용방식
④ ㉠ 재개발방식, ㉡ 수용방식
⑤ ㉠ 신개발방식, ㉡ 환지방식

74. 토지개발방식으로서 수용방식과 환지방식의 비교에 관한 설명으로 옳지 않은 것은? (단, 사업구역은 동일함) (평가사 32회)

① 수용방식은 환지방식에 비해 종전 토지소유자에게 개발이익이 귀속될 가능성이 큰 편이다.
② 수용방식은 환지방식에 비해 사업비의 부담이 큰 편이다.
③ 수용방식은 환지방식에 비해 기반시설의 확보가 용이한 편이다.
④ 환지방식은 수용방식에 비해 사업시행자의 개발토지 매각부담이 적은 편이다.
⑤ 환지방식은 수용방식에 비해 종전 토지소유자의 재정착이 쉬운 편이다.

75. 부동산 개발사업의 방식에 관한 설명 중 ㉠과 ㉡에 해당하는 것은? (중개사 29회)

㉠ 토지소유자가 토지소유권을 유지한 채 개발업자에게 사업시행을 맡기고 개발업자는 사업시행에 따른 수수료를 받는 방식 ㉡ 토지소유자로부터 형식적인 토지소유권을 이전받은 신탁회사가 사업주체가 되어 개발 · 공급하는 방식

㉠ ____________, ㉡ ____________

76. 민간의 부동산 개발사업방식에 관한 설명으로 틀린 것은?

① 토지소유자가 건설업자에게 시공을 맡기고 건설에 소요된 비용을 완성된 건축물로 변제하는 방식은 공사비 분양금 지급형이다.
② 컨소시엄 구성방식은 출자회사 간 상호 이해조정이 필요하다.
③ 사업위탁방식은 토지소유자가 개발업자에게 사업시행을 의뢰하고, 개발업자는 사업시행에 대한 수수료를 취하는 방식이다.
④ 지주공동사업은 토지소유자와 개발업자가 부동산 개발을 공동으로 시행하는 방식으로서, 일반적으로 토지소유자는 토지를 제공하고 개발업자는 개발의 노하우를 제공하여 서로의 이익을 추구한다.
⑤ 토지신탁형은 토지소유자로부터 형식적인 소유권을 이전받은 신탁회사가 토지를 개발 · 관리 · 처분하여 그 수익을 수익자에게 돌려주는 방식이다.

77. 민간투자사업방식의 대표 유형 2가지이다. 이에 대한 설명으로 틀린 것은?

① BTO 방식 : 사업시행자가 시설의 준공과 함께 소유권을 국가 또는 지방자치단체로 이전하고, 해당 시설을 국가나 지방자치단체에 임대하여 수익을 내는 방식이다.

② BTL 방식 : 사업시행자가 시설을 준공하여 소유권을 보유하면서 시설의 수익을 가진 후 일정기간 경과 후 시설소유권을 국가 또는 지방자치단체에 귀속시키는 방식이다.

78. 민간투자사업의 유형이 옳게 짝지어진 것은? (중개사 32회)

ㄱ. 민간사업자가 자금을 조달하여 시설을 건설하고, 일정기간 소유 및 운영을 한 후 사업종료 후 국가 또는 지방자치단체 등에게 시설의 소유권을 이전하는 방식
ㄴ. 민간사업자가 자금을 조달하여 시설을 건설하고 일정기간 동안 타인에게 임대하고, 임대기간 종료 후 국가 또는 지방자치단체 등에게 시설의 소유권을 이전하는 방식
ㄷ. 민간사업자가 자금을 조달하여 시설을 건설하고, 준공과 함께 민간사업자가 당해 시설의 소유권과 운영권을 갖는 방식

<보기>	
	a. BTO(build-transfer-operate) 방식
	b. BOT(build-operate-transfer) 방식
	c. BTL(build-transfer-lease) 방식
	d. BLT(build-lease-transfer) 방식
	e. BOO(build-own-operate) 방식
	f. ROT(rehabilitate-operate-transfer) 방식

① ㄱ-a, ㄴ-c, ㄷ-e
② ㄱ-a, ㄴ-d, ㄷ-e
③ ㄱ-b, ㄴ-c, ㄷ-f
④ ㄱ-b, ㄴ-d, ㄷ-e
⑤ ㄱ-b, ㄴ-d, ㄷ-f

79. 부동산 관리에 대한 설명으로 틀린 것은?

① 토지의 경계를 확인하기 위한 경계측량을 실시하는 등의 관리는 기술적 측면의 관리에 속한다.

② 법률적 측면의 부동산 관리는 부동산의 유용성을 보호하기 위하여 법률상의 제반 조치를 취함으로써 법적인 보장을 확보하려는 것이다.

③ 경제적 측면의 부동산 관리는 대상 부동산의 물리적·기능적 하자의 유무를 판단하여 필요한 조치를 취하는 것이다.

④ 시설관리는 부동산 시설을 운영하고 유지하는 것으로 시설사용자나 기업의 요구에 따르는 소극적 관리에 해당한다.

⑤ 위생관리, 보안관리 및 보전관리는 모두 기술적 관리에 해당한다.

80. 부동산 관리와 생애주기에 관한 설명으로 옳지 않은 것은? (평가사 33회)

① 자산관리(Asset Management)란 소유자의 부를 극대화시키기 위하여 대상 부동산을 포트폴리오 관점에서 관리하는 것을 말한다.

② 시설관리(Facility Management)란 각종 부동산 시설을 운영하고 유지하는 것으로 시설 사용자나 건물주의 요구에 단순히 부응하는 정도의 소극적이고 기술적인 측면의 관리를 말한다.

③ 생애주기상 노후단계는 물리적·기능적 상태가 급격히 악화되기 시작하는 단계로 리모델링을 통하여 가치를 올릴 수 있다.

④ 재산관리(Property Management)란 부동산의 운영수익을 극대화하고 자산가치를 증진시키기 위한 임대차관리 등의 일상적인 건물운영 및 관리뿐만 아니라 부동산 투자의 위험관리와 프로젝트 파이낸싱 등의 업무를 하는 것을 말한다.

⑤ 건물의 이용에 의한 마멸, 파손, 노후화, 우발적 사고 등으로 사용이 불가능할 때까지의 기간을 물리적 내용연수라고 한다.

81. 부동산 관리방식에 따른 해당 내용을 옳게 묶은 것은? (중개사 34회)

㉠ 소유자의 직접적인 통제권이 강화된다.
㉡ 관리의 전문성과 효율성을 높일 수 있다.
㉢ 기밀 및 보안 유지가 유리하다.
㉣ 건물설비의 고도화에 대응할 수 있다.
㉤ 대형건물의 관리에 더 유용하다.
㉥ 소유와 경영의 분리가 가능하다.

① 자기관리방식 - ㉠, ㉡, ㉢, ㉣
② 자기관리방식 - ㉠, ㉢, ㉤, ㉥
③ 자기관리방식 - ㉡, ㉢, ㉣, ㉥
④ 위탁관리방식 - ㉠, ㉢, ㉣, ㉤
⑤ 위탁관리방식 - ㉡, ㉣, ㉤, ㉥

82. 부동산 관리에 관한 설명으로 옳은 것은?

① 포트폴리오 관리, 리모델링, 부동산의 매입과 매각 등은 건물 및 임대차 관리의 내용이다.
② 의사결정과 업무처리가 신속한 방식은 위탁관리이다.
③ 부동산 관리에서 사고가 발생하기 전에 이를 예방하고자 하는 사전적 유지활동이 중요하다.
④ 유지란 대상 부동산의 외형을 변화시키면서 부동산의 기능을 유지하는 활동이다.
⑤ 임차부동산에서 발생하는 총수입(매상고)의 일정비율을 임대료로 지불한다면, 이는 임대차의 유형 중 순임대차에 해당한다.

83. 마케팅에 관한 설명으로 틀린 것은?

① 부동산 마케팅은 공급자 주도시장으로 전환됨에 따라 그 중요성이 강조된다.
② 시장점유마케팅 전략은 공급자 중심의 마케팅이다.
③ 고객점유마케팅 전략은 AIDA 원리를 적용하여 소비자의 욕구를 충족시키기 위해 수행된다.
④ 목표시장 선정 단계(targeting)는 목표시장에서 고객의 욕구를 파악하여 경쟁 제품과 차별성을 가지도록 제품 개념을 정하고 소비자의 지각 속에 적절히 위치시키는 것이다.
⑤ 분양 성공을 위해 아파트 브랜드를 고급스러운 이미지로 고객의 인식에 각인시키도록 하는 노력은 STP전략 중 포지셔닝 전략에 해당한다.

84. 다음 중 4P 전략 중 유통경로(Place)에 해당하는 전략은 모두 몇 개인가?

㉠ 부동산 중개업소 적극 활용
㉡ 시장분석을 통한 적정 분양가 책정
㉢ 주택청약자 대상 경품추첨으로 가전제품 제공
㉣ 분양대행사를 통한 분양
㉤ 아파트 단지 내 커뮤니티 시설 설치
㉥ 보안설비의 디지털화

① 1개 ② 2개 ③ 3개 ④ 4개 ⑤ 5개

85. 부동산 마케팅에 관한 설명으로 틀린 것은? (중개사 32회)

① 부동산 시장이 공급자 우위에서 수요자 우위의 시장으로 전환되면 마케팅의 중요성이 더욱 증대된다.

② STP 전략이란 고객집단을 세분화(Segmentation)하고 표적시장을 선정(Targeting)하여 효과적으로 판매촉진(Promotion)을 하는 전략이다.

③ 경쟁사의 가격을 추종해야 할 경우 4P Mix의 가격전략으로 시가전략을 이용한다.

④ 관계마케팅 전략이란 고객과 공급자 간의 지속적인 관계를 유지하여 마케팅효과를 도모하는 전략이다.

⑤ 시장점유마케팅 전략이란 부동산 시장을 점유하기 위한 전략으로 4P Mix 전략, STP 전략이 있다.

86. 부동산 마케팅에 관한 설명으로 옳지 않은 것은? (평가사 33회)

① STP란 시장세분화(Segmentation), 표적시장(Target market), 포지셔닝(Positioning)을 말한다.

② 마케팅믹스 전략에서의 4P는 유통경로(Place), 제품(Product), 가격(Price), 판매촉진(Promotion)을 말한다.

③ 노벨티(novelty)광고는 개인 또는 가정에서 이용되는 실용적이며 장식적인 물건에 상호 · 전화번호 등을 표시하는 것으로 분양광고에 주로 활용된다.

④ 관계마케팅 전략은 공급자와 소비자 간의 장기적 · 지속적인 상호작용을 중요시하는 전략을 말한다.

⑤ AIDA 원리에 따르면 소비자의 구매의사결정은 행동(Action), 관심(Interest), 욕망(Desire), 주의(Attention)의 단계를 순차적으로 거친다.

87. 지대이론과 학자의 연결이 틀린 것은?

① 리카도 - 차액지대 : 비옥한 토지의 제한, 수확체감법칙의 작동을 지대발생의 원인으로 보았다.

② 리카도 - 차액지대 : 지대란 토지의 비옥도나 생산력에 관계없이 발생하며, 최열등지에서도 발생한다.

③ 마르크스 - 절대지대 : 토지의 소유 자체가 지대의 발생요인이다.

④ 마르크스 - 독점지대 : 토지소유자는 토지 소유라는 독점적 지위를 이용하여 최열등지에도 지대를 요구한다.

⑤ 튀넨 - 위치지대 : 도시로부터 거리에 따라 농작물의 재배형태가 달라진다는 점에 착안하여, 수송비의 차이가 지대의 차이를 가져온다고 보았다.

⑥ 알론소 - 입찰지대 : 튀넨의 고립국이론을 도시공간에 적용하여 확장, 발전시킨 것이다.

⑦ 알론소 - 입찰지대 : 기업주의 정상이윤과 투입 생산비를 지불하고 남은 잉여에 해당하며, 토지 이용자에게는 최소지불용의액이라 할 수 있다.

88. 지대이론에 관한 설명으로 틀린 것은?

① 리카도(D. Ricardo)는 지대발생의 원인을 비옥한 토지의 희소성과 수확체감현상으로 설명하고, 토지의 질적 차이에서 발생하는 임대료의 차이로 보았다.

② 차액지대설에 따르면 지대는 생산물의 가격에 영향을 주는 비용이 아니라 경제적 잉여이다.

③ 마르크스(K. Marx)는 한계지의 생산비와 우등지의 생산비 차이를 절대지대로 보았다.

④ 튀넨(J. H. von Thünen)은 도시로부터 거리에 따라 농작물의 재배형태가 달라진다는 점에 착안하여, 비옥도의 차이가 지대의 차이를 가져온다고 보았다.

89. 지대이론에 관한 설명으로 틀린 것은?

① 마샬(A. Marshall)은 일시적으로 토지와 유사한 성격을 가지는 생산요소에 귀속되는 소득을 준지대로 설명하고, 단기적으로 공급량이 일정한 생산요소에 지급되는 소득으로 보았다.

② 준지대는 단기에 공급이 고정된 생산요소(기계나 설비)에 대한 대가로, 공급이 제한된 단기에 나타나는 성격이다.

③ 경제지대는 어떤 생산요소가 다른 용도로 전용되지 않고 현재의 용도에 그대로 사용되도록 지급하는 최소한의 지급액이다.

90. 도시공간구조이론에 관한 설명으로 옳지 않은 것은? (평가사 32회)

① 동심원이론은 도시 공간 구조의 형성을 침입, 경쟁, 천이과정으로 설명하였다.

② 동심원이론에 따르면 중심지에서 멀어질수록 지대 및 인구 밀도가 낮아진다.

③ 선형이론에서의 점이지대는 중심업무지구에 직장 및 생활 터전이 있어 중심업무지구에 근접하여 거주하는 지대를 말한다.

④ 선형이론에 따르면 도시 공간 구조의 성장 및 분화가 주요 교통노선을 따라 부채꼴 모양으로 확대된다.

⑤ 다핵심이론에 따르면 하나의 중심이 아니라 몇 개의 분리된 중심이 점진적으로 통합됨에 따라 전체적인 도시 공간 구조가 형성된다.

91. 베버(A. Weber)의 최소비용이론에 관한 설명으로 틀린 것은? (중개사 34회)

① 최소비용지점은 최소운송비 지점, 최소노동비 지점, 집적이익이 발생하는 구역을 종합적으로 고려해서 결정한다.

② 등비용선(isodapane)은 최소운송비 지점으로부터 기업이 입지를 바꿀 경우, 운송비와 노동비가 동일한 지점을 연결한 곡선을 의미한다.

③ 원료지수(material index)가 1보다 큰 공장은 원료지향적 입지를 선호한다.

④ 제품 중량이 국지원료 중량보다 큰 제품을 생산하는 공장은 시장지향적 입지를 선호한다.

⑤ 운송비는 원료와 제품의 무게, 원료와 제품이 수송되는 거리에 의해 결정된다.

92. 크리스탈러(W. Christaller)의 중심지이론에 관한 설명으로 옳은 것은? (중개사 34회)

① 최소요구범위 - 중심지 기능이 유지되기 위한 최소한의 수요 요구 규모
② 최소요구치 - 중심지로부터 어느 기능에 대한 수요가 0이 되는 곳까지의 거리
③ 배후지 - 중심지에 의해 재화와 서비스를 제공받는 주변지역
④ 도달범위 - 판매자가 정상이윤을 얻을 만큼의 충분한 소비자들을 포함하는 경계까지의 거리
⑤ 중심지 재화 및 서비스 - 배후지에서 중심지로 제공되는 재화 및 서비스

93. 상업입지와 관련하여 학자와 이론의 연결이 틀린 것은?

① 레일리 - 소매인력법칙 : 두 중심지가 소비자에게 미치는 영향력의 크기는 두 중심지의 크기에 비례하고 거리의 제곱에 반비례한다고 보았다.
② 레일리 - 소매인력법칙 : 경쟁관계에 있는 두 소매시장 간 상권의 경계지점을 확인할 수 있도록 소매중력모형을 수정하였다.
③ 레일리 - 소매인력법칙 : 소비자들의 특정 상점의 구매를 설명할 때 실측거리, 시간거리, 매장규모와 같은 공간요인과 함께 효용이라는 비공간요인도 고려하였다.
④ 크리스탈러 - 중심지이론 : 공간적 중심지 규모의 크기에 따라 상권의 규모가 달라진다는 것을 실증하였다.
⑤ 크리스탈러 - 중심지이론 : 재화와 서비스에 따라 중심지가 계층화되며 서로 다른 크기의 도달범위와 최소요구범위를 가진다고 보았다.
⑥ 넬슨 - 소매입지이론 : 특정 점포가 최대 이익을 얻을 수 있는 매출액을 확보하기 위해서는 어떤 장소에 입지하여야 하는지를 제시하였다.

94. 다음 중 유량(flow)의 경제변수는 모두 몇 개인가?

㉠ 주택재고	㉡ 건물 임대료 수입
㉢ 가계의 자산	㉣ 근로자의 임금
㉤ 도시인구 규모	㉥ 신규 주택공급량
㉦ 통화량, 자본총량	㉧ 가계 소비

① 2개 ② 3개 ③ 4개 ④ 5개 ⑤ 6개

95. 아파트 매매시장에서 수요량의 변화와 수요의 변화에 관한 설명으로 틀린 것은?

① 아파트 가격이 하락하여 아파트 수요량이 변화하였다면, 이는 수요량의 변화이다.
② 아파트 가격이 하락하면 수요량의 변화로 아파트 수요곡선상의 이동이 나타난다.
③ 아파트 담보대출 금리가 하락하면 수요의 변화로 수요곡선 자체가 우측 또는 좌측으로 이동하게 된다.
④ 소비자의 소득이 변화하여 종전과 동일한 가격수준에서 아파트 수요곡선이 이동하였다면, 이는 수요의 변화이다.
⑤ 아파트 가격하락에 대한 기대는 아파트 수요곡선상의 변화를 초래한다.

96. 부동산의 수요와 공급에 대한 설명으로 틀린 것은?

① 수요는 소비자가 실제로 구입한 수량을 의미하는 것이 아니라, 의도된 수량을 의미하는 사전적 수량 또는 계획된 수량이다.

② 수요량은 주어진 가격에서 소비자들이 구입하고자 하는 최대 수량이다.

③ 공급량은 주어진 가격수준에서 공급자가 실제로 매도한 최대 수량이다.

④ 수요곡선과 공급곡선이 일치하는 지점의 가격과 거래량을 균형가격, 균형거래량이라고 한다.

⑤ 가격이 상승하면 공급량이 증가한다.

⑥ 가격이 상승하면 수요량은 감소한다.

97. 대체관계와 보완관계에 관한 설명으로 틀린 것은?

① 아파트와 대체관계에 있는 빌라의 가격이 상승하면, 아파트의 수요는 증가한다.

② 아파트와 대체관계에 있는 빌라의 가격이 상승하면, 아파트의 가격은 상승한다.

③ 아파트와 대체관계에 있는 빌라의 수요가 증가하면, 아파트의 수요는 감소한다.

④ 아파트와 보완관계에 있는 주택의 가격이 상승하면, 아파트의 수요는 증가한다.

⑤ 아파트와 보완관계에 있는 주택의 가격이 상승하면, 아파트의 가격은 하락한다.

98. 주의해야 할 지문 (요령 파악)

① 아파트 취득세가 인상되면 (   ) 아파트 가격은 하락한다.

② 건설종사자들의 임금상승은 (   ) 부동산 가격을 상승시킨다.

99. 아파트 시장의 수요를 감소시키는 요인을 모두 고르시오.

① 아파트의 가격 상승
② 건설노동자 임금 상승
③ 수요자의 실질소득 증가
④ 아파트 가격상승의 기대
⑤ 대체주택의 가격 하락
⑥ 시장금리 하락

100. 아파트 시장에서 아파트의 수요곡선을 우측(우상향)으로 이동시킬 수 있는 요인? (평가사 35회)

① 아파트 가격의 하락
② 대체주택 가격의 상승
③ 총부채원리금상환비율(DSR) 규제 완화
④ 가구수 증가
⑤ 모기지 대출(mortgage loan) 금리의 상승
⑥ 수요자의 실질 소득 감소
⑦ 부채감당률(DCR) 규제 강화

101. 최근 출제된 지문들이다. 이에 대한 설명한 것으로 틀린 것은?

① 공급은 불변이고, 수요가 증가하면 균형가격은 상승하고 균형거래량은 증가한다.

② 수요와 공급이 모두 증가하면 균형가격은 알 수 없고, 균형거래량은 증가한다.

③ 수요가 증가하면서 동시에 공급이 증가하면, 균형가격의 변화는 수요와 공급의 변화폭에 의해 결정된다.

④ 수요가 증가하면서 동시에 공급이 감소하면, 균형가격의 변화는 수요와 공급의 변화폭에 의해 결정된다.

⑤ 수요와 공급이 증가하는 경우, 수요의 증가폭이 공급의 증가폭보다 크다면 균형가격은 상승하고 균형거래량은 증가한다.

102. 최근 출제된 지문들이다. 이에 관한 설명으로 옳은 것은?

① 수요가 불변이고 공급이 증가하는 경우, 새로운 균형가격은 상승하고 균형거래량은 증가한다.

② 수요가 가격에 완전탄력적인 경우, 공급이 증가하면 균형가격은 하락하고 균형거래량은 증가한다.

③ 수요와 공급이 감소하는 경우, 수요의 감소폭과 공급의 감소폭이 같다면 균형가격은 불변이고 균형거래량은 감소한다.

④ 공급이 가격에 완전비탄력적인 경우, 수요가 감소하면 균형가격은 감소하고 균형거래량은 증가한다.

⑤ 공급의 감소가 수요의 감소보다 작은 경우, 새로운 균형가격은 상승하고 균형거래량은 감소한다.

103. 공급의 가격탄력성에 따른 수요의 변화에 관한 설명으로 옳은 것은? (중개사 23회)

① 공급이 가격에 대해 완전탄력적인 경우, 수요가 증가하면 균형가격은 상승하고 균형거래량은 감소한다.

② 공급이 가격에 대해 완전탄력적인 경우, 수요가 증가하면 균형가격은 변하지 않고 균형거래량만 증가한다.

③ 공급이 가격에 대해 완전비탄력적인 경우, 수요가 증가하면 균형가격은 하락하고 균형거래량은 변하지 않는다.

④ 공급이 가격에 대해 완전비탄력적인 경우, 수요가 증가하면 균형가격은 상승하고 균형거래량도 증가한다.

⑤ 공급이 가격에 대해 완전비탄력적인 경우, 수요가 증가하면 균형가격은 변하지 않고 균형거래량만 증가한다.

104. 수요와 공급의 탄력성에 관한 설명 중 틀린 것은?

① 수요가 증가할 때 공급의 가격탄력성이 탄력적일수록, 가격은 더 적게 상승한다.

② 공급이 증가할 때 수요의 가격탄력성이 비탄력적일수록, 가격은 더 많이 하락한다.

③ 부동산 수요가 증가할 때 공급이 탄력적일수록 부동산 가격은 덜 상승한다.

④ 부동산 수요가 증가할 때 부동산 공급이 탄력적일수록 부동산 가격상승의 폭은 증가한다.

⑤ 부동산 수요가 증가할 때 부동산 공급곡선이 비탄력적일수록 부동산 가격은 더 크게 상승한다.

105. 부동산 수요와 공급의 탄력성에 관한 설명으로 틀린 것은?

① 수요의 가격탄력성이 탄력적이라는 것은 가격의 변화율에 비해 수요량의 변화율이 많다는 것을 의미한다.
② 공급의 가격탄력성이 비탄력적이라는 것은 가격의 변화율에 비해 공급량의 변화율이 많다는 것을 의미한다.
③ 미세한 가격변화에 수요량이 무한히 크게 변화하는 경우 완전탄력적이다.
④ 물리적 토지공급량이 불변이라면 토지의 물리적 공급은 토지 가격 변화에 대해 완전비탄력적이다.
⑤ 수요의 가격탄력성이 완전탄력적이면 가격의 변화와 상관없이 수요량이 고정된다.
⑥ 수요곡선이 수직선이면 수요의 가격탄력성은 완전비탄력적이다.

106. 부동산 수요와 공급의 탄력성에 관한 설명으로 틀린 것은?

① 용도전환이 용이할수록 공급의 임대료탄력성은 더 비탄력적이다.
② 대체재가 많을수록 수요의 가격탄력성은 더 탄력적이다.
③ 부동산 수요의 가격탄력성은 단기에서 장기로 갈수록 탄력적으로 변하게 된다.
④ 단기공급의 임대료탄력성은 장기공급의 임대료탄력성보다 더 비탄력적이다.
⑤ 생산(공급)에 소요되는 기간이 길수록 공급의 임대료탄력성은 더 비탄력적이다.
⑥ 부동산의 용도전환이 용이하면 할수록 부동산 수요의 가격탄력성이 커진다.
⑦ 건축 인・허가가 어려울수록 공급의 임대료 탄력성은 더 비탄력적이다.

107. 수요의 가격탄력성에 관한 설명으로 틀린 것은?

① 임대 수요가 탄력적일 때, 임대료가 하락하면 임대사업자의 임대수입은 증가한다.
② 수요의 가격탄력성이 1보다 큰 경우 전체수입은 임대료가 상승함에 따라 증가한다.
③ 수요가 비탄력적일 때, 임대료가 상승하면 임대사업자의 임대수입은 증가한다.
④ 수요의 가격탄력성이 비탄력적일 때, 임대료가 하락하면 임대사업자의 임대수입은 감소한다.
⑤ 수요의 임대료탄력성이 '1'(단위탄력적)이라면 임대사업자의 임대수입은 불변이다.

108. 부동산 수요의 가격탄력성에 관한 설명으로 옳지 않은 것은? (평가사 32회)

① 수요곡선 기울기의 절댓값이 클수록 수요의 가격탄력성이 작아진다.
② 임대주택 수요의 가격탄력성이 1보다 작은 경우 임대료가 상승하면 전체수입은 증가한다.
③ 대체재가 많을수록 수요의 가격탄력성이 크다.
④ 일반적으로 부동산의 용도전환 가능성이 클수록 수요의 가격탄력성이 커진다.
⑤ 수요의 가격탄력성이 비탄력적이면 가격의 변화율보다 수요량의 변화율이 더 크다.

109. 다음 중 ㉠과 ㉡에 들어갈 내용은?

• 지분투자수익률은 (㉠)를 지분투자액으로 나누어서 산정한다. • 총투자수익률은 (㉡)을 총투자액으로 나누어서 산정한다.

① ㉠ 가능총소득 ㉡ 세전현금수지
② ㉠ 세전현금수지 ㉡ 순영업소득
③ ㉠ 세후현금수지 ㉡ 세전현금수지
④ ㉠ 유효총소득 ㉡ 순영업소득
⑤ ㉠ 유효총소득 ㉡ 영업경비

110. 지렛대효과(leverage effect)에 대한 설명으로 틀린 것은?

① 정(+)의 레버리지효과는 총자본수익률(종합수익률)이 저당수익률보다 높을 때 발생한다.
② 총자본수익률보다 지분수익률이 높다면 정(+)의 레버리지효과가 발생한 것이다.
③ 총투자수익률보다 저당수익률이 낮다면 정(+)의 레버리지효과가 발생한다.
④ 총자본수익률과 저당수익률이 동일한 경우 부채비율의 변화는 자기자본수익률에 영향을 미치지 못한다.
⑤ 부채비율이 크면 지분수익률이 커질 수 있지만, 마찬가지로 부담해야 할 위험도 커진다.
⑥ 부(−)의 레버리지효과가 발생할 경우 부채비율을 낮추어서 정(+)의 레버리지효과로 전환할 수 있다.

111. 부동산 투자수익률에 관한 설명으로 틀린 것은?

① 기대수익률이 요구수익률보다 높을 경우 투자자는 투자가치가 있는 것으로 판단한다.
② 요구수익률은 투자에 대한 위험이 주어졌을 때, 투자자가 부동산에 대하여 자금을 투자하기 위해 충족되어야 할 최소한의 수익률을 말한다.
③ 무위험(수익)률의 상승은 투자자의 요구수익률을 하락시키는 요인이다.
④ 요구수익률은 투자에 수반되는 위험이 클수록 커진다.
⑤ 실현수익률이란 투자가 이루어지고 난 후 현실적으로 달성된 수익률로서 역사적 수익률을 의미한다.
⑥ 기대수익률이 요구수익률보다 높으면, 대상 부동산에 대하여 수요가 증가하여 기대수익률이 하락한다.
⑦ 투자자의 요구수익률은 투자자금의 기회비용을 의미한다.

112. 부동산 투자에서 위험과 수익에 관한 설명으로 옳지 않은 것은? (평가사 31회)

① 투자자의 요구수익률에는 위험할증률이 포함된다.
② 투자자가 위험기피자일 경우, 위험이 증가할수록 투자자의 요구수익률도 증가한다.
③ 투자자의 개별적인 위험혐오도에 따라 무위험률이 결정된다.
④ 체계적 위험은 분산투자에 의해 제거될 수 없다.
⑤ 위험조정할인율이란 장래 기대소득을 현재가치로 할인할 때 위험한 투자일수록 높은 할인율을 적용하는 것을 말한다.

113. 부동산 투자와 위험에 관한 설명으로 옳은 것은? (평가사 34회)

① 상업용 부동산 투자는 일반적으로 다른 상품에 비하여 초기투자비용이 많이 들며 투자비용의 회수기간이 길지만 경기침체에 민감하지 않아 투자위험이 낮다.

② 시장위험이란 부동산이 위치한 입지여건의 변화 때문에 발생하는 위험으로서, 부동산 시장의 수요·공급과 관련된 상황의 변화와 관련되어 있다.

③ 사업위험이란 부동산 사업 자체에서 발생하는 수익성 변동의 위험을 말하며 시장위험, 입지위험, 관리·운영위험 등이 있다.

④ 법·제도적 위험에는 소유권위험, 정부정책위험, 정치적 위험, 불가항력적 위험, 유동성 위험이 있다.

⑤ 위험과 수익 간에는 부(−)의 관계가 성립한다.

114. 부동산 투자의 위험분석에 관한 설명으로 틀린 것은?

① 표준편차가 작을수록 투자에 수반되는 위험은 커진다.

② 위험회피형 투자자는 변이계수(변동계수)가 작은 투자안을 더 선호한다.

③ 보수적 예측방법은 투자수익의 추계치를 하향 조정함으로써, 미래에 발생할 수 있는 위험을 상당수 제거할 수 있다는 가정에 근거를 두고 있다.

④ 위험조정할인율을 적용하는 방법으로 장래 기대되는 소득을 현재가치로 환산하는 경우, 위험한 투자일수록 낮은 할인율을 적용한다.

⑤ 민감도분석은 투자효과를 분석하는 모형의 투입요소가 변화함에 따라, 그 결과치에 어떠한 영향을 주는가를 분석하는 기법이다.

115. 포트폴리오이론에 관한 설명으로 틀린 것은?

① 분산투자효과는 포트폴리오를 구성하는 투자자산 종목의 수를 늘릴수록 체계적 위험이 감소되어 포트폴리오 전체의 위험이 감소되는 것이다.

② 포트폴리오전략에서 구성자산 간에 수익률이 반대 방향으로 움직일 경우 위험감소의 효과가 크다.

③ 효율적 프런티어(효율적 전선)란 평균−분산 지배원리에 의해 모든 위험수준에서 최대의 기대수익률을 얻을 수 있는 포트폴리오의 집합을 말한다.

④ 효율적 프런티어(효율적 전선)의 우상향에 대한 의미는 투자자가 높은 수익률을 얻기 위해 많은 위험을 감수하는 것이다.

⑤ 경기침체, 인플레이션 심화는 비체계적 위험으로 포트폴리오에 의해 감소시킬 수 있다.

116. 포트폴리오이론에 대한 설명으로 틀린 것은?

① 포트폴리오에 편입되는 자산의 수가 늘어날수록 체계적 위험이 감소되는 것을 포트폴리오 효과라고 한다.

② 포트폴리오에 포함된 개별자산 간 수익률의 상관계수가 '+1'이라면 분산투자효과는 없다.

③ 포트폴리오 전략에서 구성자산 간에 수익률이 반대 방향으로 움직일 경우 위험감소의 효과가 크다.

④ 투자 대안별 수익률 변동이 유사한 추세를 보일 것으로 예측되는 부동산에 분산 투자하는 것이 좋다.

⑤ 효율적 전선을 구성하는 포트폴리오는 동일한 위험에서 최고의 수익률을, 동일한 수익률에서 최소의 위험을 가진 포트폴리오를 의미한다.

117. **화폐의 시간가치에 관한 설명으로 틀린 것은?**

① 현재 5억원인 주택이 매년 5%씩 가격이 상승한다고 가정할 때, 10년 후의 주택가격은 일시불의 미래가치계수를 사용하여 계산할 수 있다.

② 매월 말 100만원씩 10년간 들어올 것으로 예상되는 임대료 수입의 현재가치를 계산하려면, 연금의 현재가치계수를 활용한다.

③ 10년 후에 1억원이 될 것으로 예상되는 토지의 현재가치를 계산할 경우, 일시불의 현재가치계수를 사용한다.

④ 은행으로부터 원금균등분할상환 방식의 주택구입자금을 대출한 가구가 매기 상환할 원리금을 산정하는 경우에는 저당상수를 사용한다.

⑤ 10년 후 주택 자금 5억원을 만들기 위해서 매기 적립해야 할 액수는 감채기금계수를 활용하여 구할 수 있다.

⑥ 연금의 현재가치계수와 저당상수는 역수관계이다.

118. **화폐의 시간가치에 관한 설명으로 옳은 것을 모두 고른 것은?** (중개사 30회)

㉠ 은행으로부터 주택구입자금을 대출한 가구가 매월 상환할 금액을 산정하는 경우 감채기금계수를 사용한다. ㉡ 연금의 현재가치계수와 저당상수는 역수관계이다. ㉢ 연금의 미래가치란 매 기간마다 일정 금액을 불입해 나갈 때, 미래의 일정시점에서의 원금과 이자의 총액을 말한다. ㉣ 일시불의 현재가치계수는 할인율이 상승할수록 작아진다.

① ㉠ ② ㉡, ㉢ ③ ㉠, ㉡, ㉣
④ ㉡, ㉢, ㉣ ⑤ ㉠, ㉡, ㉢, ㉣

119. **화폐의 시간가치 계산에 관한 설명으로 옳은 것은?** (중개사 32회)

① 현재 10억원인 아파트가 매년 2%씩 가격이 상승한다고 가정할 때, 5년 후 아파트 가격을 산정하는 경우 연금의 미래가치계수를 사용한다.

② 원리금균등상환방식으로 담보대출을 받은 가구가 매월 상환할 금액을 산정하는 경우, 일시불의 현재가치계수를 사용한다.

③ 연금의 현재가치계수에 감채기금계수를 곱하면 일시불의 현재가치계수이다.

④ 임대기간 동안 월임대료를 모두 적립할 경우, 이 금액의 현재시점 가치를 산정한다면 감채기금계수를 사용한다.

⑤ 나대지에 투자하여 5년 후 8억원에 매각하고 싶은 투자자는 현재 이 나대지의 구입금액을 산정하는 경우, 저당상수를 사용한다.

120. **부동산 운영수지분석에 관한 설명으로 틀린 것은?** (중개사 28회)

① 가능총소득은 단위면적당 추정 임대료에 임대면적을 곱하여 구한 소득이다.

② 유효총소득은 가능총소득에서 공실손실상당액과 불량부채액(충당금)을 차감하고, 기타 수입을 더하여 구한 소득이다.

③ 순영업소득은 유효총소득에 각종 영업외수입을 더한 소득으로 부동산 운영을 통해 순수하게 귀속되는 영업소득이다.

④ 세전현금흐름은 순영업소득에서 부채서비스액을 차감한 소득이다.

⑤ 세후현금흐름은 세전현금흐름에서 영업소득세를 차감한 소득이다.

121. 부동산 투자의 현금흐름추정에 관한 설명으로 틀린 것은? (중개사 30회)

① 순영업소득은 유효총소득에서 영업경비를 차감한 소득을 말한다.

② 영업경비는 부동산 운영과 직접 관련 있는 경비로, 광고비, 전기세, 수선비가 이에 해당된다.

③ 세전현금흐름은 지분투자자에게 귀속되는 세전소득을 말하는 것으로, 순영업소득에 부채서비스액(원리금상환액)을 가산한 소득이다.

④ 세전지분복귀액은 자산의 순매각금액에서 미상환 저당잔액을 차감하여 지분투자자의 몫으로 되돌아오는 금액을 말한다.

⑤ 부동산 투자에 대한 대가는 보유시 대상 부동산의 운영으로부터 나오는 소득이득과 처분시의 자본이득의 형태로 나타난다.

122. 제시된 항목 중 순영업소득을 산정하기 위해 필요한 항목은 모두 몇 개인가?

• 단위당 임대료	• 영업소득세
• 원리금상환액	• 유지 · 수선비
• 공실률	• 임대주택 재산세

① 2개 ② 3개 ③ 4개 ④ 5개 ⑤ 6개

123. 부동산 투자분석의 현금흐름 계산에서 (가) 순영업소득과 (나) 세전지분복귀액을 산정하는 데 각각 필요한 항목을 모두 고른 것은? (중개사 29회)

㉠ 기타 소득	㉡ 매도비용
㉢ 취득세	㉣ 미상환저당잔금
㉤ 재산세	㉥ 양도소득세

① (가) – ㉢ (나) – ㉣
② (가) – ㉠, ㉤ (나) – ㉡, ㉣
③ (가) – ㉠, ㉤ (나) – ㉡, ㉥
④ (가) – ㉠, ㉢, ㉤ (나) – ㉡, ㉥
⑤ (가) – ㉠, ㉢, ㉤ (나) – ㉡, ㉣, ㉥

124. 부동산 투자의 할인현금흐름기법(DCF)과 관련된 설명으로 옳은 것은?

① 할인현금흐름기법이란 부동산 투자로부터 발생하는 현금흐름을 일정한 할인율로 할인하는 투자의사결정 기법이다.

② 순현재가치(NPV)는 투자자의 내부수익률로 할인한 현금유입의 현가에서 현금유출의 현가를 뺀 값이다.

③ 수익성지수(PI)는 투자로 인해 발생하는 현금유입의 현가에 대한 현금유출의 현가 비율이다.

④ 내부수익률(IRR)은 투자로부터 발생하는 미래 현금흐름의 순현재가치를 1로 만드는 할인율을 말한다.

⑤ 내부수익률법은 투자안의 내부수익률(IRR)을 기대수익률과 비교하여 투자를 결정하는 방법이다.

125. **부동산 투자분석기법에 관한 설명으로 옳은 것을 모두 고른 것은?** (평가사 32회)

㉠ 현금유출의 현가합이 4천만원이고 현금유입의 현가합이 5천만원이라면, 수익성지수는 0.8이다. ㉡ 내부수익률은 투자로부터 발생하는 현재와 미래 현금흐름의 순현재가치를 1로 만드는 할인율을 말한다. ㉢ 재투자율로 내부수익률법에서는 요구수익률을 사용하지만, 순현재가치법에서는 시장이자율을 사용한다. ㉣ 내부수익률법, 순현재가치법, 수익성지수법은 할인현금흐름기법에 해당한다. ㉤ 내부수익률법에서는 내부수익률과 요구수익률을 비교하여 투자 여부를 결정한다.

① ㉠, ㉣　② ㉡, ㉢　③ ㉣, ㉤
④ ㉠, ㉡, ㉤　⑤ ㉢, ㉣, ㉤

126. **부동산 투자분석기법에 관한 설명으로 옳은 것은?** (중개사 32회)

① 부동산 투자분석기법 중 화폐의 시간가치를 고려한 방법에는 순현재가치법, 내부수익률법, 회계적 이익률법이 있다.
② 내부수익률이란 순현가를 '1'로 만드는 할인율이고, 기대수익률은 순현가를 '0'으로 만드는 할인율이다.
③ 어림셈법 중 순소득승수법의 경우 승수값이 작을수록 자본회수기간이 길어진다.
④ 순현가법에서는 재투자율로 시장수익률을 사용하고, 내부수익률법에서는 요구수익률을 사용한다.
⑤ 내부수익률법에서는 내부수익률이 요구수익률보다 작은 경우 해당 투자안을 선택하지 않는다.

127. **부동산 투자분석기법에 관한 설명으로 옳은 것은?** (평가사 33회)

① 투자 규모가 상이한 투자안에서 수익성지수(PI)가 큰 투자안이 순현재가치(NPV)도 크다.
② 서로 다른 투자안 A, B를 결합한 새로운 투자안의 내부수익률(IRR)은 A의 내부수익률과 B의 내부수익률을 합한 값이다.
③ 순현재가치법과 수익성지수법에서는 화폐의 시간가치를 고려하지 않는다.
④ 투자안마다 단일의 내부수익률만 대응된다.
⑤ 수익성지수가 1보다 크면 순현재가치는 0보다 크다.

128. 투자의 타당성 분석에 관한 설명으로 틀린 것은?

① 회수기간은 투자금액을 회수하는 데 걸리는 기간을 말하며, 회수기간법에서는 투자대안 중에서 회수기간이 가장 단기인 투자대안을 선택한다.

② 회계적 이익률법에서는 투자안의 이익률이 목표이익률보다 높은 투자안 중에서 이익률이 가장 높은 투자안을 선택하는 것이 합리적이다.

③ 다른 조건이 일정하다면, 승수가 클수록 보다 좋은 투자대안으로 평가된다.

④ 다른 조건이 일정하다면, 승수가 큰 투자대안일수록 자본회수기간은 길어진다.

129. 투자타당성 평가에 관한 설명으로 틀린 것은?

① '부채감당률'이 1보다 크다는 것은 순영업소득이 대출의 원리금을 상환하고도 잔여액이 있음을 의미한다.

② '대부비율'은 부동산 가격에서 대출금액이 차지하는 비율이다.

③ '부채비율'은 부채에 대한 자기자본의 비율이다.

④ 대부비율이 50%라면, 부채비율은 100%이다.

⑤ '총자산회전율'은 투자된 총자산에 대한 총소득의 비율이며, 총소득으로 가능총소득 또는 유효총소득이 사용된다.

⑥ '채무불이행률'은 유효총소득이 영업경비와 부채서비스액을 감당할 수 있는 능력이 있는지를 측정하는 비율이며, 채무불이행률을 손익분기율이라고도 한다.

130. 부동산 가치와 가격에 관한 설명 중 틀린 것은?

① 가치는 주관적 · 추상적인 개념이고, 가격은 객관적 · 구체적인 개념이다.

② 가치가 상승하면 가격도 상승하고, 가치가 하락하면 가격도 하락한다.

③ 가치는 일정시점에 여러 가지로 존재하지만, 가격은 일정시점에 하나만 존재한다.

④ 가치는 장래 기대 이익으로 추계되는 미래의 값이고, 가격은 실제 거래된 금액으로 과거의 값이다.

⑤ 부동산의 가치는 장래 기대되는 유 · 무형의 편익을 현재가치로 환원한 값인데, 편익에는 금전적인 편익과 비금전적인 편익을 모두 포함한다.

131. 부동산 가치에 관한 설명으로 옳지 않은 것은? (중개사 23회)

① 사용가치는 대상 부동산이 시장에서 매도되었을 때 형성될 수 있는 교환가치와 유사한 개념이다.

② 투자가치는 투자자가 대상 부동산에 대해 갖는 주관적인 가치의 개념이다.

③ 보험가치는 보험금의 산정과 보상에 대한 기준으로 사용되는 가치의 개념이다.

④ 과세가치는 정부에서 소득세나 재산세를 부과하는 데 사용되는 기준이 된다.

⑤ 공익가치는 어떤 부동산의 보존이나 보전과 같은 공공목적의 비경제적 이용에 따른 가치를 의미한다.

132. 부동산 가치발생요인에 관한 설명으로 틀린 것은?

① 효용은 인간의 필요나 욕구를 만족시켜 줄 수 있는 재화의 능력을 의미한다.

② 대상 부동산의 물리적 특성뿐 아니라 공법상의 제한 및 소유권의 법적 특성도 대상의 효용에 영향을 미친다.

③ 상대적 희소성이란 인간의 욕구에 비해 재화의 양이 상대적으로 부족한 상태이다.

④ 유효수요란 대상 부동산을 구매하고자 하는 욕구로, 지불능력(구매력)을 필요로 하는 것은 아니다.

⑤ 일부 학자는 가치발생요인으로 이전성을 추가하기도 하는데, 이전성은 법률적 측면에서의 가치발생요인이다.

133. 가치형성요인?

① 가치형성요인이란 대상 물건의 시장가치에 영향을 미치는 일반요인, 지역요인 및 개별요인 등을 말한다. (○, ×)

134. 부동산 가치의 발생요인에 관한 설명으로 옳지 않은 것은? (평가사 31회)

① 유효수요는 구입의사와 지불능력을 가지고 있는 수요이다.

② 효용(유용성)은 인간의 필요나 욕구를 만족시킬 수 있는 재화의 능력이다.

③ 효용(유용성)은 부동산의 용도에 따라 주거지는 쾌적성, 상업지는 수익성, 공업지는 생산성으로 표현할 수 있다.

④ 부동산은 용도적 관점에서 대체성이 인정되고 있기 때문에 절대적 희소성이 아닌 상대적 희소성을 가지고 있다.

⑤ 이전성은 법률적인 측면이 아닌 경제적인 측면에서의 가치발생요인이다.

135. 감정평가과정상 지역분석과 개별분석에 관한 설명으로 틀린 것은?

① 해당 지역 내 부동산의 표준적 이용과 가격수준 파악을 위해 지역분석이 필요하다.

② 지역분석은 대상 부동산에 대한 미시적·국지적 분석인 데 비하여, 개별분석은 대상지역에 대한 거시적·광역적 분석이다.

③ 인근지역이란 대상 부동산이 속한 지역으로서 부동산의 이용이 동질적이고 가치형성요인 중 지역요인을 공유하는 지역을 말한다.

④ 동일수급권이란 대상 부동산과 대체·경쟁관계가 성립하고 가치 형성에 서로 영향을 미치는 관계에 있는 다른 부동산이 존재하는 권역을 말하며, 인근지역과 유사지역을 포함한다.

⑤ 대상 부동산의 최유효이용을 판정하기 위해 개별분석이 필요하다.

136. 지역분석과 개별분석에 관한 설명으로 옳은 것은? (평가사 30회)

① 지역분석은 일반적으로 개별분석에 선행하여 행하는 것으로 그 지역 내의 최유효이용을 판정하는 것이다.
② 인근지역이란 대상 부동산이 속한 지역으로 부동산의 이용이 동질적이고 가치형성 요인 중 개별요인을 공유하는 지역이다.
③ 유사지역이란 대상 부동산이 속하지 아니하는 지역으로서 인근지역과 유사한 특성을 갖는 지역이다.
④ 개별분석이란 지역분석의 결과로 얻어진 정보를 기준으로 대상 부동산의 가격을 표준화·일반화시키는 작업을 말한다.
⑤ 지역분석시에는 균형의 원칙에, 개별분석시에는 적합의 원칙에 더 유의하여야 한다.

137. 부동산가격원칙에 관한 설명으로 틀린 것은?

① 적합의 원칙이란 부동산의 유용성이 최고도로 발휘되기 위해서는 부동산이 외부환경에 접합하여야 한다는 원칙이다.
② 적합의 원칙은 부동산의 입지와 인근환경의 영향을 고려한다.
③ 적합의 원칙은 지역분석을 하는 경우에 활용된다.
④ 균형의 원칙이란 부동산의 유용성이 최고도로 발휘되기 위해서는 부동산 구성요소의 결합에 균형이 있어야 한다는 원칙이다.
⑤ 균형의 원칙을 적용하는 경우에 균형을 이루지 못하는 과잉부분은 원가법을 적용할 때 경제적 감가로 처리한다.

138. 부동산 평가에서 부동산 가격의 원칙에 관한 설명으로 틀린 것은? (평가사 35회)

① 부동산의 가격이 대체·경쟁관계에 있는 유사한 부동산의 영향을 받아 형성되는 것은 대체의 원칙에 해당된다.
② 부동산의 가격이 경쟁을 통해 초과이윤이 없어지고 적합한 가격이 형성되는 것은 경쟁의 원칙에 해당된다.
③ 부동산의 가격이 부동산을 구성하고 있는 각 요소가 기여하는 정도에 영향을 받아 형성되는 것은 기여의 원칙에 해당된다.
④ 부동산의 가격이 내부적인 요인에 의하여 긍정적 또는 부정적 영향을 받아 형성되는 것은 적합의 원칙에 해당된다.
⑤ 부동산 가격의 제원칙은 최유효이용의 원칙을 상위원칙으로 하나의 체계를 형성하고 있다.

139. 감정평가에 관한 규칙에 규정된 내용이 아닌 것은? (중개사 27회)

① 감정평가법인등은 감정평가 의뢰인이 요청하는 경우에는 대상 물건의 감정평가액을 시장가치 외의 가치를 기준으로 결정할 수 있다.
② 시장가치란 한정된 시장에서 성립될 가능성이 있는 대상 물건의 최고가액을 말한다.
③ 감정평가는 기준시점에서의 대상 물건의 이용상황(불법적이거나 일시적인 이용은 제외한다) 및 공법상 제한을 받는 상태를 기준으로 한다.
④ 둘 이상의 대상 물건이 일체로 거래되거나 대상 물건 상호간에 용도상 불가분의 관계가 있는 경우에는 일괄하여 감정평가할 수 있다.
⑤ 하나의 대상 물건이라도 가치를 달리하는 부분은 이를 구분하여 감정평가할 수 있다.

140. 감정평가에 관한 규칙상 가치에 관한 설명으로 옳지 않은 것은? (평가사 30회)

① 대상 물건에 대한 감정평가액은 시장가치를 기준으로 결정하는 것을 원칙으로 한다.

② 법령에 다른 규정이 있는 경우에는 시장가치 외의 가치를 기준으로 감정평가할 수 있다.

③ 대상 물건의 특성에 비추어 사회통념상 필요하다고 인정되는 경우에는 시장가치 외의 가치를 기준으로 감정평가할 수 있다.

④ 시장가치란 대상 물건이 통상적인 시장에서 충분한 기간 방매된 후 매수인에 의해 제시된 것 중에서 가장 높은 가격을 말한다.

⑤ 감정평가 의뢰인이 요청하여 시장가치 외의 가치로 감정평가하는 경우에는 해당 시장가치 외의 가치의 성격과 특징을 검토하여야 한다.

141. 감정평가에 관한 규칙상 ( ) 안에 들어갈 내용으로 옳은 것은? (중개사 29회)

- 원가방식 : 원가법 및 적산법 등 (㉠)의 원리에 기초한 감정평가방식
- 비교방식 : 거래사례비교법, 임대사례비교법 등 시장성의 원리에 기초한 감정평가방식 및 (㉡)
- (㉢) : 수익환원법 및 수익분석법 등 수익성의 원리에 기초한 감정평가방식

① ㉠ 비용성 ㉡ 공시지가비교법 ㉢ 수익방식
② ㉠ 비교성 ㉡ 공시지가비교법 ㉢ 환원방식
③ ㉠ 비용성 ㉡ 공시지가비교법 ㉢ 환원방식
④ ㉠ 비용성 ㉡ 공시지가기준법 ㉢ 수익방식
⑤ ㉠ 비교성 ㉡ 공시지가기준법 ㉢ 수익방식

142. ( ) 안에 들어갈 내용으로 알맞은 것을 쓰시오. (중개사 26회)

- 원가법은 대상 물건의 재조달원가에 (㉠)을 하여 대상 물건의 가액을 산정하는 감정평가방법이다.
- 거래사례비교법을 적용할 때 (㉡), 시점수정, 가치형성요인 비교 등의 과정을 거친다.
- 수익환원법에서는 장래 산출할 것으로 기대되는 순수익이나 미래의 현금흐름을 환원하거나 (㉢)하여 가액을 산정한다.

㉠ __________, ㉡ __________, ㉢ __________

143. 감정평가에 관한 규칙에 의거하여 공시지가기준법으로 토지를 감정평가하는 경우 필요 항목을 순서대로 나열한 것은? (중개사 25회)

㉠ 비교표준지 선정	㉡ 감가수정
㉢ 감가상각	㉣ 사정보정
㉤ 시점수정	㉥ 지역요인 비교
㉦ 개별요인 비교	㉧ 면적요인 비교
㉨ 그 밖의 요인보정	

① ㉠ − ㉡ − ㉥ − ㉦ − ㉨
② ㉠ − ㉢ − ㉥ − ㉦ − ㉨
③ ㉠ − ㉣ − ㉤ − ㉥ − ㉨
④ ㉠ − ㉣ − ㉦ − ㉧ − ㉨
⑤ ㉠ − ㉤ − ㉥ − ㉦ − ㉨

144. 임대료 감정평가방법이다. ( ) 안에 들어갈 내용으로 옳은 것은? (중개사 27회)

- 적산법 : 적산임료 = 기초가액 × (㉠) + 필요제경비
- 임대사례비교법 : (㉡) = 임대사례의 임대료 × 사정보정치 × 시점수정치 × 지역요인 비교치 × 개별요인 비교치
- (㉢) : 수익임료 = 순수익 + 필요제경비

① ㉠ 기대이율 ㉡ 비준임료 ㉢ 수익분석법
② ㉠ 환원이율 ㉡ 지불임료 ㉢ 수익분석법
③ ㉠ 환원이율 ㉡ 지불임료 ㉢ 수익환원법
④ ㉠ 기대이율 ㉡ 비준임료 ㉢ 수익환원법
⑤ ㉠ 환원이율 ㉡ 실질임료 ㉢ 수익환원법

145. 감정평가에 관한 규칙상 물건별 주된 감정평가방법으로 틀린 것은?

① 토지를 감정평가할 때에 거래사례비교법을 적용하여야 한다.
② 감정평가법인등은 영업권, 특허권, 실용신안권, 디자인권, 상표권, 저작권, 전용측선이용권, 그 밖의 무형자산을 감정평가할 때에 거래사례비교법을 적용하여야 한다.
③ 감정평가법인등은 구분소유권의 대상이 되는 건물부분과 그 대지사용권을 일괄하여 감정평가하는 경우 거래사례비교법을 적용하여야 한다.
④ 감정평가법인등은 임대료를 감정평가할 때에 임대사례비교법을 적용하여야 한다.
⑤ 산림을 감정평가할 때에 산지와 입목을 구분하여 감정평가하여야 한다.
⑥ 자동차의 주된 평가방법과 선박·항공기의 주된 평가방법은 다르다.
⑦ 감정평가법인등은 동산을 감정평가할 때에는 거래사례비교법을 적용하여야 한다. 다만, 본래 용도의 효용가치가 없는 물건은 해체처분가액으로 감정평가할 수 있다.

146. 감정평가에 관한 규칙상 대상 물건별로 정한 주된 감정평가방법이 수익환원법인 대상물건은 모두 몇 개인가?

㉠ 상표권	㉡ 임대료
㉢ 광업재단	㉣ 과수원
㉤ 기업가치	㉥ 자동차
㉦ 선박, 항공기	㉧ 건물

① 2개 ② 3개 ③ 4개 ④ 5개 ⑤ 6개

147. 부동산가격공시에 관한 법률상 표준지공시지가의 효력으로 옳은 것을 모두 고른 것은? (중개사 29회)

> ㉠ 토지시장에 지가정보를 제공
> ㉡ 일반적인 토지거래의 지표
> ㉢ 국가 · 지방자치단체 등이 과세 등의 업무와 관련하여 주택의 가격을 산정하는 경우에 기준
> ㉣ 감정평가법인등이 지가변동률을 산정하는 경우에 기준

① ㉠, ㉡ ② ㉠, ㉣ ③ ㉡, ㉢
④ ㉠, ㉢, ㉣ ⑤ ㉠, ㉡, ㉢, ㉣

148. 개별공시지가에 대한 법조문 중 매년 나오는 지문입니다. 틀린 것은?

① 표준지로 선정된 토지, 조세 또는 부담금 등의 부과대상이 아닌 토지, 그 밖에 대통령령으로 정하는 토지에 대하여는 개별공시지가를 결정 · 공시하지 아니할 수 있다.

② 이 경우 표준지로 선정된 토지에 대하여는 해당 토지의 표준지공시지가를 개별공시지가로 본다.

③ 시장 · 군수 또는 구청장은 공시기준일 이후에 분할 · 합병이 발생한 토지에 대하여는 대통령령이 정하는 날(7월 1일 또는 내년 1월 1일)을 기준으로 하여 개별공시지가를 결정 · 공시하여야 한다.

④ 시장 · 군수 또는 구청장이 개별공시지가를 결정 · 공시하는 경우에는 해당 토지와 유사한 이용가치를 지닌다고 인정되는 하나 또는 둘 이상의 표준지의 공시지가를 기준으로 토지가격비준표를 사용하여 지가를 산정하되, 해당 토지의 가격과 표준지공시지가가 균형을 유지하도록 하여야 한다.

149. 부동산가격공시에 대한 설명으로 틀린 것은?

① 표준주택은 단독주택과 공동주택 중에서 각각 대표성 있는 주택을 선정한다.

② 표준주택을 선정할 때에는 일반적으로 유사하다고 인정되는 일단의 단독주택 및 공동주택에서 해당 일단의 주택을 대표할 수 있는 주택을 선정하여야 한다.

③ 시장 · 군수 또는 구청장이 개별주택가격을 산정하는 경우에는 주택가격비준표를 활용한다.

④ 시장 · 군수 또는 구청장은 일단의 공동주택 중에서 선정한 표준주택에 대하여 매년 공시기준일 현재의 적정가격을 조사 · 평가한다.

⑤ 표준주택으로 선정된 단독주택, 국세 또는 지방세 부과대상이 아닌 단독주택에 대하여는 개별주택가격을 결정 · 공시하지 아니할 수 있다.

150. 부동산가격공시에 관한 법률에 규정된 내용으로 틀린 것은? (중개사 32회)

① 국토교통부장관은 표준주택가격을 조사·산정하고자 할 때에는 한국부동산원에 의뢰한다.

② 표준주택가격은 국가·지방자치단체 등이 그 업무와 관련하여 개별주택가격을 산정하는 경우에 그 기준이 된다.

③ 표준주택으로 선정된 단독주택, 그 밖에 대통령령으로 정하는 단독주택에 대하여는 개별주택가격을 결정·공시하지 아니할 수 있다.

④ 개별주택가격 및 공동주택가격은 주택시장의 가격정보를 제공하고, 국가·지방자치단체 등이 과세 등의 업무와 관련하여 주택의 가격을 산정하는 경우에 그 기준으로 활용될 수 있다.

⑤ 개별주택가격 및 공동주택가격에 이의가 있는 자는 그 결정·공시일부터 30일 이내에 서면으로 시장·군수 또는 구청장에게 이의를 신청할 수 있다.

151. 아파트에 대한 수요의 가격탄력성과 소득탄력성이 각각 0.9와 0.5이다. 아파트 가격이 2% 상승하고 소득이 4% 증가할 경우, 아파트 수요량의 전체 변화율(%)은? (단, 아파트는 정상재이고, 가격탄력성은 절댓값으로 나타내며, 다른 조건은 동일함)

① 0.2% ② 1.4% ③ 1.8% ④ 2.5% ⑤ 3.8%

152. 아파트 수요의 가격탄력성은 0.6, 소득탄력성은 0.4이고, 빌라 가격에 대한 교차탄력성은 0.2이다. 아파트 가격과 빌라 가격이 모두 5% 상승하고, 수요자의 소득이 5% 감소하였다면, 아파트 전체 수요량의 변화율은? (단, 부동산은 모두 정상재이고 서로 대체재이며, 아파트에 대한 수요의 가격탄력성은 절댓값으로 나타내며, 다른 조건은 동일함)

① 2.2% 감소 ② 2.8% 증가 ③ 3.4% 감소
④ 3.6% 증가 ⑤ 4.0% 감소

153. 아파트 가격이 10% 상승할 때, 아파트 수요량이 5% 감소하고 오피스텔 수요량이 8% 증가하였다. 다음 물음에 답하시오.

- (A) 아파트 수요의 가격탄력성
- (B) 아파트 가격에 대한 오피스텔 수요의 교차탄력성
- (C) 아파트에 대한 오피스텔의 관계

① A : 비탄력적, B : 0.5, C : 대체재
② A : 탄력적, B : 0.5, C : 보완재
③ A : 비탄력적, B : 0.8, C : 대체재
④ A : 탄력적, B : 0.8, C : 보완재
⑤ A : 비탄력적, B : 1.0, C : 대체재

154. 다음은 투자사업의 향후 2년간의 현금흐름이다. 투자사업의 순현재가치(NPV)와 수익성지수(PI)는?

- 모든 현금의 유입과 유출은 매년 말에만 발생
- 현금유입은 1년차 2,000만원, 2년차 2,500만원
- 현금유출은 1년차 1,000만원, 2년차 1,500만원
- 1년 후 일시불의 현가계수 0.95
- 2년 후 일시불의 현가계수 0.90

	순현가	수익성지수
①	1,720만원	1.73
②	1,850만원	1.80
③	2,100만원	1.73
④	1,850만원	1.50
⑤	1,720만원	1.62

155. 다음 자료를 통해 산정한 값으로 틀린 것은?

- 총투자액 : 10억원
- 지분투자액 : 6억원
- 세전현금수지 : 6,000만원/년
- 부채서비스액 : 4,000만원/년
- 유효총소득승수 : 5

① 부채비율 : 66.6%
② 유효총소득 : 2억원
③ 세전현금수지승수 : 10
④ 자본환원율 : 8%
⑤ 부채감당률 : 2.5

156. 순소득승수, 채무불이행률, 세후현금흐름승수를 순서대로 나열한 것은?

- 총투자액 : 15억원
- 지분투자액 : 4억원
- 유효총소득승수 : 6
- 영업경비비율(유효총소득 기준) : 40%
- 부채서비스액 : 6천만원/년
- 영업소득세 : 1천만원/년

① 10, 64%, 5 ② 10, 64%, 5.5 ③ 10, 65%, 5.5
④ 11, 65%, 6 ⑤ 11, 66%, 6

157. 50,000,000원의 기존 주택담보대출이 있는 甲은 A은행에서 추가로 주택담보대출을 받고자 한다. 甲이 추가로 대출 가능한 최대금액은?

- 甲 소유주택의 담보평가가격 : 600,000,000원
- 甲의 연간 소득 : 60,000,000원
- 연간 저당상수 : 0.1
- 대출승인기준
  - 담보인정비율(LTV) : 60%
  - 소득대비 부채비율(DTI) : 50%
- 두 가지 대출승인기준을 모두 충족시켜야 함

① 150,000,000원 ② 200,000,000원 ③ 250,000,000원
④ 280,000,000원 ⑤ 310,000,000원

158. 시장가격이 5억원이고 순영업소득이 연 8,000만원인 상가를 보유하고 있는 A가 받을 수 있는 최대 대출가능 금액은?

- 연간 저당상수 : 0.2
- 대출승인조건(모두 충족하여야 함)
  - 담보인정비율(LTV) : 시장가격기준 50% 이하
  - 부채감당률(DCR) : 2 이상

① 1억원 ② 1억 5천만원 ③ 2억원
④ 2억 5천만원 ⑤ 3억원

159. A씨는 8억원의 아파트를 구입하기 위해 은행으로부터 4억원을 대출받았다. 은행의 대출조건이 다음과 같을 때, A씨가 2회차에 상환할 원금과 3회차에 납부할 이자액을 순서대로 나열한 것은?

- 대출금리 : 고정금리, 연 6%
- 대출기간 : 20년
- 저당상수 : 0.087
- 원리금상환조건 : 원리금균등상환방식, 연 단위 매기간 말 상환

① 10,800,000원, 23,352,000원
② 11,448,000원, 22,665,120원
③ 11,448,000원, 23,352,000원
④ 12,134,880원, 22,665,120원
⑤ 12,134,880원, 23,352,000원

160. A씨는 8억원의 아파트를 구입하기 위해 은행으로부터 2억원을 대출받았다. 은행의 대출조건이 다음과 같을 때, A씨의 대출금리는 얼마인가?

- 대출금리 : 고정금리, 연 (?)
- 대출기간 : 20년
- 저당상수 : 0.087
- 1회차 원금상환분 : 540만원
- 원리금상환조건 : 원리금균등상환방식, 연 단위 매기간 말 상환

① 3% ② 3.5% ③ 6% ④ 6.5% ⑤ 7%

161. A씨는 주택을 구입하기 위해 은행으로부터 2억원을 대출받았다. 은행의 대출조건이 다음과 같을 때, A씨가 2회차에 상환할 원리금과 4회차에 납부할 이자액을 순서대로 나열한 것은?

- 대출금리 : 고정금리, 연 5%
- 대출기간 : 20년
- 원리금상환조건 : 원금균등상환방식, 연 단위 매기간 말 상환

① 2,000만원, 950만원
② 1,950만원, 850만원
③ 1,950만원, 900만원
④ 1,900만원, 800만원
⑤ 1,850만원, 750만원

162. A, B도시 사이에 C도시가 위치한다. 레일리(W. Reilly)의 소매인력법칙을 적용할 경우, C도시에서 A, B도시로 구매활동에 유인되는 인구규모는? (단, C도시의 인구의 50%만이 구매자이고, A, B도시에서만 구매하는 것으로 가정하며, 주어진 조건에 한함)

- A도시 인구수 : 400,000명
- B도시 인구수 : 100,000명
- C도시 인구수 : 100,000명
- C도시와 A도시 간의 거리 : 10km
- C도시와 B도시 간의 거리 : 5km

① A : 15,000명 B : 35,000명
② A : 20,000명 B : 30,000명
③ A : 25,000명 B : 25,000명
④ A : 30,000명 B : 20,000명
⑤ A : 35,000명 B : 15,000명

163. 다음 자료를 활용하여 거래사례비교법으로 산정한 토지의 감정평가액은?

- 대상토지 : A시 B동 150번지, 토지 120m^2 제3종일반주거지역
- 기준시점 : 2022. 4. 1.
- 거래사례의 내역
  - 소재지 및 면적 : A시 B동 123번지, 토지 100m^2
  - 용도지역 : 제3종일반주거지역
  - 거래사례가격 : 3억원
  - 거래시점 : 2022. 1. 1.
  - 거래사례의 사정보정 요인은 없음.
- 지가변동률(2022. 1. 1. ~ 2022. 4. 1.) : A시 주거지역 4% 상승함.
- 지역요인 : 대상토지는 거래사례의 인근지역에 위치함.
- 개별요인 : 대상토지는 거래사례에 비해 5% 열세함.
- 상승식으로 계산할 것

① 285,680,000원
② 296,400,000원
③ 327,600,000원
④ 355,680,000원
⑤ 360,400,000원

164. 원가법에 의한 대상물건의 적산가액은?

- 신축에 의한 사용승인시점 : 2020. 4. 1.
- 기준시점 : 2022. 4. 1.
- 사용승인시점의 신축공사비 : 3억원(신축공사비는 적정함)
- 공사비 상승률 : 매년 전년대비 5%씩 상승
- 경제적 내용연수 : 50년
- 감가수정방법 : 정액법
- 내용연수 만료시 잔존가치 없음.

① 288,200,000원 ② 302,400,000원 ③ 315,000,000원
④ 317,520,000원 ⑤ 330,750,000원

165. 원가법에 의한 적산가액를 구하면 얼마인가?

- 기준시점 : 2022. 4. 1.
- 10년 전 준공 당시 건축비 – 직접 공사비 150,000,000원
  – 간접 공사비 30,000,000원
  – 개발업자의 이윤 20,000,000원
- 준공시점부터 기준시점까지 건축비는 10% 상승하였다.
- 기준시점 현재 잔존내용연수 : 40년
- 감가수정은 내용연수법 중 정액법을 적용한다.
- 내용연수 만료시 잔존가치율은 10%로 조사되었다.

① 180,000,000원 ② 180,400,000원 ③ 181,400,000원
④ 182,400,000원 ⑤ 200,400,000원

166. 다음의 자료를 활용하여 직접환원법으로 산정한 대상 부동산의 수익가액은?

- 가능총소득: 6,000만원
- 공실손실상당액 및 대손충당금: 가능총소득의 10%
- 수선유지비: 400만원
- 화재보험료: 300만원
- 재산세: 200만원
- 영업소득세: 300만원
- 부채서비스액: 500만원
- 환원율: 10%

① 45,000만원 ② 46,000만원 ③ 47,652만원
④ 48,571만원 ⑤ 49,000만원

167. 다음의 자료를 활용하여 직접환원법으로 산정한 대상 부동산의 수익가액은?

- 가능총소득 : 4,000만원
- 공실 및 대손충당금 : 가능총소득의 10%
- 운영경비 : 가능총소득의 40%
- 대상 부동산의 가치구성비율 : 토지(60%), 건물(40%)
- 토지환원율 : 5%
- 건물환원율 : 10%
- 만원 이하는 절사하여 계산한다.

① 25,730만원 ② 26,000만원 ③ 27,652만원
④ 28,571만원 ⑤ 29,000만원

정답

1	2	3	4	5	6	7	8	9	10
④	④	⑤⑥⑦	②	③	④	①③④	⑤	②	③
11	12	13	14	15	16	17	18	19	20
①	③⑥	⑤	①	⑤	③	③	⑥	⑤	①
21	22	23	24	25	26	27	28	29	30
①	①	④	정답 없음	②④	②	③	④	④(A,B,D,F)	③
31	32	33	34	35	36	37	38	39	40
⑥	②	③	①②	③(ㄴㄹㅂㅇ)	④	④	⑤	②	⑤
41	42	43	44	45	46	47	48	49	50
①	①③④⑥	③	③	④	⑤	②	③④⑤	③(ㄱㄴㄹ)	③(ㄱㄷㅇ)
51	52	53	54	55	56	57	58	59	60
③	①③	②	②	②	②	④	③	④	모두 옳음
61	62	63	64	65	66	67	68	69	70
③	③	③	②	②	⑤	⑤	⑤	③	①
71	72	73	74	75	76	77	78	79	80
㉠ 시장성분석 ㉡ 민감도분석	④	⑤	①	㉠ 사업위탁방식 ㉡ 신탁개발방식	①	①②	④	③	④
81	82	83	84	85	86	87	88	89	90
⑤	③	①④	②(ㄱㄹ)	②	⑤	②④⑦	③④	③	③

91	92	93	94	95	96	97	98	99	100
②	③	②③	③(ㄴㄹㅂㅇ)	⑤	③	④	생략	⑤	②③④
101	102	103	104	105	106	107	108	109	110
④	③	②	④	②⑤	①	②	⑤	②	⑥
111	112	113	114	115	116	117	118	119	120
③	③	③	④	①⑤	①④	④	④	③	③
121	122	123	124	125	126	127	128	129	130
③	③	②	①	③	⑤	⑤	③	③	④
131	132	133	134	135	136	137	138	139	140
①	④	×	⑤	②	③	⑤	④	②	④
141	142	143	144	145	146	147	148	149	150
④	㉠ 감가수정 ㉡ 사정보정 ㉢ 할인	⑤	①	①②	②(ㄱㄷㅁ)	①	모두 옳음	①②④	⑤
151	152	153	154	155	156	157	158	159	160
①	⑤	③	②	④	①	③	③	②	③
161	162	163	164	165	166	167			
②	③	④	④	②	①	④			

제35회 공인중개사 시험대비 **전면개정판**

2024 박문각 공인중개사
국승옥 파이널 패스 100선 1차 부동산학개론

초판인쇄 | 2024. 7. 25. **초판발행** | 2024. 7. 30. **편저** | 국승옥 편저
발행인 | 박 용 **발행처** | (주)박문각출판 **등록** | 2015년 4월 29일 제2019-000137호
주소 | 06654 서울시 서초구 효령로 283 서경 B/D 4층 **팩스** | (02)584-2927
전화 | 교재 주문 (02)6466-7202, 동영상문의 (02)6466-7201

저자와의 협의하에 인지생략

정가 20,000원
ISBN 979-11-7262-132-2